广告创意

CREATIVE ADVERTISEMENT

马志洁 田志梅 彭 涌 编著

中国青年出版社
CHINA YOUTH PRESS

CONTENTS 目录

CHAPTER 3
广告策划要点

CHAPTER 4
广告画面设计

CHAPTER 5
广告画面中的视觉要素

CHAPTER 6
广告创意表达

CHAPTER 7
广告媒体的应用

CHAPTER 1

设计为何物

课题概述

介绍广告设计的方法、了解设计应以创新为基础要求并永远围绕着人的观点，解读大师的设计观，了解设计的分类。

教学目标

培养学生对广告设计的兴趣，使学生了解当代设计主体的发展方向。分析设计大师作品的特点、含义，使每个学生明白设计作品的意义。

章节重点

通过对当代设计大师的作品的了解，明确自己所追求的设计方向。

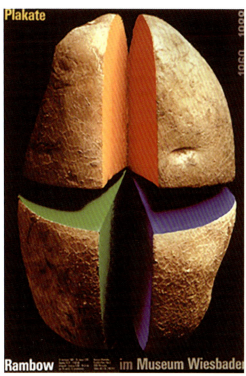

1.1 设计的方法

设计是一种把计划、规划、设想通过视觉的形式传达出来的活动过程。

1.1.1 不同设计门类是相通的

大自然中的事物都是相互联系和相互依存的，设计是美学的一部分，其自身又细分为很多门类。

普通高等院校常开设的设计课程就不少，例如视觉设计、动漫设计、服装设计、工业产品造型设计、染织设计、环境艺术设计、室内设计、标志设计、广告设计、包装设计、书籍设计、企业形象设计等。不管是设计房子，还是设计广告，设计者都要知道设计的方法，无论是空间还是色彩，造型还是风格，这些都会影响设计者的设计工作，所以我们不能把设计简单地归结为哪一个学科。如广告设计就是设计的一个分支，但它与其他设计专业的理念是相通的。

1.1.2 设计应以创新为基本要求

现代设计在当代艺术领域出现的频率越来越高，它是时代的特征。毋庸置疑，现代设计的灵魂在于创意。从这个意义上来说，每一件设计作品都应该是创意的硕果，没有两件作品被允许是相同的。然而，现代设计与其他文化行为和创造工作一样，也有其内在的复杂性和基本原则。众所周知，现代设计的迅猛发展以及其对人们生活各个方面的渗透，使得现代设计本身也变得越来越复杂，试图概括出它们的共同规律、特征，提炼出其根本性的原则，其难度是相当大的。

但是，既然现代设计原则是在把握客观规律的基础上产生，而不是纯粹由哪一位或哪一派设计师主观臆想的，那么，实际上这些原则已经以不同的方式客观存在于现代设计中了。虽然现代设计只有不过半个多世纪的发展史，但其对设计原则的重要性有相当清楚的认识，从一开始，具体说

是从包豪斯时期就被提到设计师们的日程上来，而归纳、制定设计原则也成为几代设计师和设计理论家共同努力的目标。设计家们在求新求异的实践工作中认识到，盲目地跟风、哗众取宠，盲目求新求异，是不能长久的，真正好的创意势必是独具特色的。这一观念构成了现代设计的基础。

1.1.3 设计要贴近"自然"

追求自然的现代设计如同一种语言，它穿越时空、打破国界，消减了人与人之间的阻隔，因为它是那么令人熟悉。艺术设计对人类有一种特殊的价值，因为在艺术中寄托了人类的梦境和理想。自然解除了人们心灵上的束缚，使人类不再拘泥于模仿或雕饰。其实，"自然"才是现代设计艺术永恒的代名词。

1.2 设计前的准备

没接触过设计工作的人可能会觉得"设计"很简单，以为掌握了几个常用的设计软件，就算学会了设计。其实，设计需要持续学习，不断进取。

首先，每一个做设计的人都需要了解现代设计美学的价值和意义，设计在今天的生活中是普遍存在的。现代设计类学不只对设计师、对美学家和艺术理论家来说是不容忽视的，而且对公众来说也是有帮助的。人们正不由自主地走近现代设计美学，撩开它的神秘面纱。在生活中，每一个人都可能在一定的条件下成为一位生活艺术的策划者和组织者。人们正处在一个崭新的设计时代，电脑等新一代设计工具和手段正在世界范围内普及。然而，人类的思维永远要比设计工具先进和复杂，人的想象力和创造力是电脑无法替代的，也许正是这样，现代设计的主流思想才把冲破规律、寻求自然作为主要目标。现代设计美学可以也应当成为一门普遍且有

助于产生创意的学科，而设计则是其中的"必修课"。

其次，设计者还需要掌握一些基础的设计软件操作知识，它们会极大提高设计者的工作效率。

1.2.1 收集大量图像素材

这些图像素材有些可以当作设计的素材，有些可以激发设计者的创作灵感。在学习设计的初始阶段，设计者需要多去学习他人的优秀作品，而且还要思考这些作品的设计手段、创意思路等，而不是单纯地抄袭。

1.2.2 持之以恒的决心

创意来源于生活。设计与生活有着密不可分的联系，你的生活是怎样的，你设计出的作品很可能就是那样的。经过长时间的设计工作后，很多设计师被淹没在"大众的设计"里，设计工作对于他们来说仅仅是果腹的保障，有些设计师突破了设计瓶颈，形成自己独特的设计风格。想要确立自己的设计风格是很难的，那么，设计者首先要大胆想象，敢于突破，然后再逐步去实现。

1.2.3 收集学习资料

接下来，设计者要有目的地去收集相关资料。一开始要进行系统的学习，确定自己要学哪些方面的技术，然后去阅读一些比较好的书并且浏览业内一些较好的专业网站。

1.2.4 熟练掌握电脑设计软件

设计软件提高了设计师的工作效率，可以实现许多手绘无法表现的效果。常用的设计软件有CorelDRAW、Photoshop、AutoCAD、3ds Max、Flash、Painter、Illustrator、Maya等，只要能熟练掌握其中一个就好了。除了学好软件知识之外，设计者还要经常和大家交流，学习别人的设计经验和理念，同时还要经常浏览和学习大量

的优秀作品，才能最终提高自身的设计水平。

1.2.5 具备不怕吃苦的精神

学习设计的过程是很辛苦的，放弃很容易，坚持很难。练好基本功是很重要的，包括学习艺术的理论知识和锻炼操作软件的能力。有重点地进行学习和不断总结是很重要的，设计者要学的东西很多，举一反三，因为很多艺术效果也许都是利用一种或一类技术进行表现的，要能了解其本质，才能做出更多的效果。设计者只有经常这样深入研究和总结，才能够不断进步。

1.3 从大师身上找答案

大师的成功不是偶然的，向大师学习是普通设计者迈向设计巅峰的捷径。我们要学习、分析这些大师的设计，相信终有一天，中国的设计师会将民族的文化进一步发扬光大。

1.3.1 艺术设计大师

设计与艺术是无法分割的，特别是在平面设计领域，这一点表现得更加突出，有很多艺术家也是设计师，他们以无穷的想象力创造出许多经典之作。

● 巴勃罗·毕加索

西班牙画家、雕塑家巴勃罗·毕加索（Pablo Ruiz Picasso）生于1881年10月25日，他是现代艺术的创始人，是西方现代派绘画的主要代表。他也是当代西方最有创造性和影响最深远的艺术家（图1-1和图1-2）。

几乎所有人都知道他，很多人把他归为现代最伟大的画家、雕塑家。他的作品不仅仅是一幅画那么简单，他在作品中融入了大量的设计思想和理念，对于后世设计师的影响是不可估量的。他的作品在世界艺术史上拥有非常重要的地位。

毕加索经历过1900年至1903年"蓝色时期"、1904年至1906年的"粉红时期"、1907年至1909年的"非洲时期"，以及1917年至20世纪20年代时"古典时期"，1925年至1932年，毕加索进入"超现实主义时期"。每个时期不仅反映了他艺术的转变，更反映了他思想和生活的变化，在毕加索的绘画作品中，我们可以看到他对人民的理解和同情，以及他对于美的追求。

【作品点析】

毕加索的《格尔尼卡》（图1-3）是他的传世杰作之一。《格尔尼卡》的表现方法与传统绘画的表现方法截然不同，画面看上去很杂乱，似乎全是滑稽、变形的人物，其实这是把现实生活中具象的人物形态抽象化以后的效果。画中事物的象征性，画面中的形象剧烈变形、扭曲加上夸张的反叛笔触以及几何彩块堆积、无法捏合的抽象造型，似乎在表现痛苦、受难和兽性，表现出创作者复杂的情感。毕加索自己曾解释此画像的象征含义：公牛象征强暴；受伤的马象征受难的西班牙；闪亮的灯火象征光明与希望。毕加索采用剪贴画的艺术表现手法，画面里没有飞机，也没有炸弹，却明显流露出残暴、恐怖、痛苦、绝望、死亡和呐喊之意。这是对法西斯暴行的无声控诉，他愤怒的情感在其中表露无余。毕加索善于运用极端变形和夸张的艺术手法，使其在反应畸形的资本主义社会和扭曲了的人与人之间的关系方面具有独特的表现力。

在设计里，事物的造型不仅限于写实的图片，例如卖什么商品就去用那个商品的照片来表现，不展开联想也不深入分析，那只能对设计有肤浅的理解。好的设计是要用心去思考、分析和设计每个形体的，同时还要挖掘事物形体的内涵，致力于设计革新，利用现代哲学、心理学、自然科学的成果，并吸收民族民间艺术的营养，创造出富有表现力的设计语言。

● 萨尔瓦多·达利

他是西班牙超现实主义画家和版画家，萨尔瓦多·达利（Salvador Dali）于1904年生于西班牙菲格拉斯城，是西班牙超现实主义艺术大师级的人物，也是超现实主义运动中最积极、最具影响力的著名画家。达利的一生充满了传奇色彩。他的文章、口才、

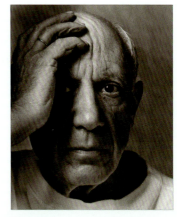

图1_1 毕加索

图1_2 毕加索自画像

图1_3 毕加索画作《格尔尼卡》

动作、相貌、胡须（图1-4）和宣传才能均给人们留下了深刻的印象。

达利与毕加索、马蒂斯（Matisse）一起被认为是20世纪最有代表性的三位画家，在这三个人中，达利和设计的接触最为密切。

【作品点析】

从图像学的角度来说，达利的作品具有双重意象。他的代表作品《时间的轮廓》（图1-5），让人怀疑这是钟吗？宛如一滴水珠掠过树枝，当我们试图去接住这滴水的时候，它会流走吗？这个作品完美地表现出"时间如流水"的含意，具有深刻的象征性含义。

再来看他设计的沙发（图1-6），造型像嘴唇，给人亲切又浪漫的感受。这种设计就是达利对图底反转形的表现。达利在他的作品中，将这种能够使一个图像呈现出两个形象的特殊创作方法发挥到极致。有时达利还喜欢把梦境中的主观世界变成客观而令人激动的形象呈现出来。在梦中，人们经常会有人和物体互相融合、互相易位的幻觉，达利在画面中表现的各种物体也就不同程度地发生了变形，以此达到平面图形中图底关系模糊的双重意象效果。从达利的作品中我们可以学习到，变形是一个能达到一定艺术目的的必要并有效的工具。

达利的超现实主义作品都来源于他对现实、理想的不倦追求。达利不断地超越自我，创作出近乎扭曲的画面效果，他那执狂批判的艺术创作手法让他永存。在有意识和无意识之间，他对形式构成的原理与方法进行合理运用，巧妙构思并重新布局理论与观念，并糅合进一些古怪的或看似接近自然生活的主题，将现实生活中印象深刻的片断混合在一起，表达他的内心感受，从而表现出无以复加的怪诞效果。

达利的作品带着一股神秘的气息，在他的引领下，设计作品不但要能够表达设计者的思想，它或许是欢喜，或许是愁苦，抑或是怨恨、茫然、混沌，而且还要具备暗示的功能；不但要体现设计者内心的感受和渴望，还要加上观者的个人体验。

● 彼埃·蒙德里安

荷兰风格派画家彼埃·蒙德里安（Piet Cornelies Mondrian）（图1-7）生于1872年3月7日，是在幕后推动风格派运动的艺术家和非具象绘画的创始者之一，对后来的设计产生了很大的影响。我们可以说他的绘画作品就是设计，因为他抛开了具象的"外壳"去寻找"韵律"和"声音"。

他的艺术生涯分别经过了"阿姆斯特丹时期"，那是他开始学习的时期；1911年至1914年在立体主义的影响下，他学习了毕加索和乔治·布拉克（Georges Braque）等立体派画家的作品；1914年至1919年他进入了荷兰"风格派"。蒙德里安的关键性转变是在1919年至1938年，他在这一时期找到了属于自己的新的表现形式，他以几何图形作为绘画的基本元素，并用更基本的几何元素组成抽象画面。

1938年至1940年是蒙德里安的"伦敦时期"；1940年至1944年是蒙德里安的"纽约时期"。

【作品点析】

蒙德里安的代表作《构成A；黑，红，灰，黄与蓝》（图1-8）成为今天构成课程的典范。这幅作品充满轻快、和谐的节奏感，我们可以将黑色理解为重音，白色为高音，黑、红、灰理解为基调，黄与蓝理解为协调。目前，蒙德里安的作品已经从长和宽的平面跳出来，被广泛应用到建筑、工艺、设计、服装设计等领域并产生了很大的影响（图1-9和图1-10）。蒙德里安是几何抽象画派的先驱，他与凡杜斯堡（Theovan Doesburg）等人组成了"风格派"，提倡他所追求的"新造型主义"艺术。蒙德里安认为艺术应根本脱离自然的外在具象形式，以表达抽象的思想为目的，追求绝对境界。这也就是今天我们熟知的"冷抽象"。蒙德里安把他自己画过的写实人物和风景转化为水平线与垂直线的冷抽象构成，从自己内心的感知出发，创造出一种"音律"，或者这种"音律"就是平面构成里我们常见到的秩序与均衡之美。在这种变化中，却很少见到美丽的曲线，因为蒙德里安喜欢直线美，认为透过直角可以看到事物内部的灵魂。

1.3.2 视觉创意大师

● 冈特·兰勃

1938年，冈特·兰勃（Gunter

图1_4 达利有趣的胡子

图1_5 达利铜塑《时间的轮廓》

图1_6 达利设计的沙发

Ramban）（图1-11）出生于德国麦克兰堡，是世界级的设计大师。他的招贴广告在国际招贴广告大赛中屡获大奖，纽约现代艺术博物馆收藏了他许多作品。冈特·兰勃的招贴作品有自己独特的视觉语言系统，设计界公认他为"德国视觉诗人"。

在平面设计领域里，衡量一个设计师艺术水平高低的重要标准就是看他的招贴广告设计是否成功，因为招贴最能表现设计师个人的风格特点，其中，公益广告则在招贴设计中占据着宝座的位置。设计师可以充分表达个人的独特想法，呈现招贴的独特面貌。冈特·兰勃在设计招贴作品时一直积极避免单调的风格样式，不断向自己已形成的风格发出挑战，并且不断

培育出崭新的视觉表现形式。

【作品点析】

这幅名为《冈特·兰勃在中国》（图1-12）的海报注重对画面整体设计意念的把握，尽可能摆脱纯绘画艺术中直观的写实表现。画面中绝大多数的篇幅是一个青花瓷釉的龙纹盘，瓷器的英文写作"china"，而龙又是中国的吉祥物，该作品表达出设计者对于中国文化的喜爱。但这个作品也引发了笔者去思考这样一个问题：为什么前面的人像是虚的？我们无疑能够判断此人是冈特·兰勃自己，这也许正表现了冈特·兰勃单纯、简洁明了、注重视觉表现力度的风格。换个角度想，如果他把自己写实的照片放在

瓷器前，那么到底是烘托自己还是烘托"中国"呢？虚拟的人物或许表达了他对中国文化的理解和融入之意。他已经和中国文化合二为一了。这时我们就可以了解他的设计是多么含蓄，却又耐人寻味了。

之后，冈特·兰勃的摄影图形招贴是他设计作品的又一个巅峰，他善于用摄影手段表现梦幻与现实的关系，实现物体、照片和抽象概念间综合的艺术效果。例如在第二副《冈特·兰勃在中国》（图1-13）的海报中，他采用摄影手段，并利用拼贴、分解、重组以及喷笔加工的方式，把现实主义的摄影图形变成了有着抽象含义的平面设计作品。这幅作品用一本主题为"冈特·兰勃在中国"的书，插

图1_7 彼埃·蒙德里安

图1_8 《构成A；黑，红，灰，黄与蓝》

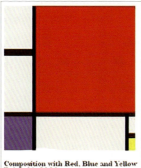

图1_9 蒙德里安画作《红、蓝、黄构成》（左），蒙德里安作品在服装上的应用（右）图1_10 蒙德里安作品在服装设计上的应用

入到瓷器里，也是用瓷器表示中国之意。如他自己所说："与其说我把摄影作为一种媒介，不如说是摄影发现了我，时代的变化需要在形式表达上有一个相应的变化——至少那是我当时的想法。"他的这幅作品对德国的设计领域产生了深远的影响，从此德国出现了照片拼贴风格。

冈特·兰勃还和土豆有一段家喻户晓的故事。他出生于二战的发源地，二战时期他才8岁，他的童年是在炮声、废墟和饥饿中度过的。当时处于饥饿时期的德国人发现，从美国引进的

土豆经过20天的种植就可以食用，土豆变成了那时人们主要的口粮，是土豆救了德意志民族。由于这段特殊的经历，冈特·兰勃对土豆有一种特殊的情感，认为土豆是德国的民族文化，是他最初面向世界的一扇窗口。兰勃的"土豆文化"令人称道的并不是土豆本身，而是他奇特的创意和由此创造出的视觉效果的魅力。他创作了一系列以土豆为主题的海报，他把土豆削皮、缠绕、切块、上色，再堆砌，把土豆的轮廓线和块状的色彩结合在一起，取得了非同凡响的效果。例如图1-14这幅海报，

冈特·兰勃把土豆切分为四份，图中的土豆因为表皮的连接依然可视为一个整体，但因为人为的分割形成了多条轮廓线，加之用高纯度的色彩进行渲染，从而分为若干个部分，每个部分分别填上不同的色彩，赋予土豆不同的含义，红、绿、黄、蓝这两组补色。形成了一些具有纵深感的空间，让设计不仅仅停留在二维平面上，而是呈现出立体的空间感。

冈特·兰勃在设计作品时更关注的是平面广告主题的物质性，他总是赋予这些主题更多的意义，每一幅平面

图1_11 冈特·兰勃

图1_13 《冈特·兰勃在中国》的海报

图1_15 福田繁雄

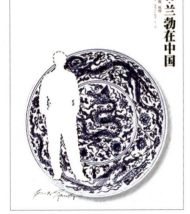

图1_12 《冈特·兰勃在中国》的海报

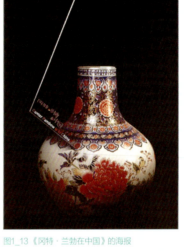

图1_14 冈特·兰勃的土豆系列海报

图1_16 福田繁雄招贴《费加罗的婚礼》

广告招贴都给观赏者以想象的空间，使其透过那些隐喻的物体联想到实际事物。他在文化招贴设计中形成了自己独特的平面广告视觉语言和设计风格，赢得了"平面广告设计大师"的美誉。

● 福田繁雄

福田繁雄（图1-15）毕业于东京艺术大学设计系，曾担任日本图形创造协会主席、国际广告研究设计中心名誉主任。

设计界把他誉为"五位一体的视觉创意大师"，因为他是一个多才多艺的全能设计人、变幻莫测的视觉

图1_17 福田繁雄招贴《1945年的胜利》

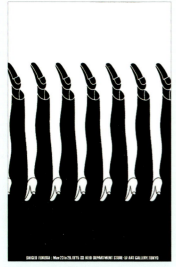

图1_18 福田繁雄的插图作品

魔术师、推陈出新的方法实践家、热情机智的人道主义者，和幽默灵巧的老顽童。

福田繁雄与冈特·兰勃、西摩·切瓦斯特（Seymour Chwast）并称为"世界三大平面设计师"，足可见他的设计理念及设计作品对20世纪后半叶的设计界产生的深远影响，在平面设计教材中基本都能发现他的作品。福田繁雄的设计作品在美国、欧洲及日本等地广为展出，荣获多种嘉奖。由于他在设计理念及设计实践上的卓越成就，他被西方设计界誉为"平面设计教皇"。

福田繁雄善用简洁的色彩、幽默的造型，且作品具有深刻的含义，引起观者平面与立体的颠覆性的思考。

【作品点析】

在其招贴作品《费加罗的婚礼》（图1-16）中，福田繁雄用蓝和红两个对比强烈的颜色象征男性和女性，设计的图像远看像有韵律的音符，带着快乐的祝福；近看音符的下面是两只脚，幽默地将男性与女性合二为一，福田繁雄好像在给我们调侃费加罗的婚礼的故事。

图1-17是一张反战的招贴，是福田繁雄在1975年设计的，这张招贴设计获得了国际平面设计大奖，其采用类似漫画的表现形式，创造出一种简洁、诙谐的图形语言。他把图形精简成抽象的炮筒和一个倒飞的炮弹，描绘一颗子弹反向飞回炮筒的形象，讽刺发动战争者最终定会自食其果，含义十分深刻。在设计上，他用炮筒构成了画面的对角线构图形式；作为警示符号，他把炮弹有意识地与常规的视觉流程做反方向处理；在颜色上采用反差较大的黑、黄两色，画面由大色块构成，色彩单纯明快，具有很强的视觉冲击力，深刻地揭示了主题。整个作品幽默、风趣，给观者一种视觉愉悦之感。每一个看到这个招贴的人都会明白他所要表达的意思。

福田繁雄总是弃旧图新，并开创性地将各种创意、革新加以融会贯通。每一幅作品都反映出他极其丰富的主

观想象力，以及他控制和营造作品效果的巧妙用心。

图1-18是在1979年他的插图设计作品展上展出的一系列作品里，其中的一张。画面看似荒谬的视觉形象中透射出一种理性的秩序感和连续性，正负形的交叉给人一种视错觉的感受，所以也有人把福田繁雄称为"错觉大师"。这或许要归功于福田繁雄对现代感知心理学的熟识，他的作品紧扣主题、富于幻想、令人着迷，同时又极其简洁，具有一种嬉戏般的幽默感，并善于用视错觉来创造一种怪异的情趣。

最可贵的是他提出的"设计中不能有多余"的观点，由此引发了世界美学对崇尚简约的潮流。

1.3.3 当代中国艺术设计大师

国际设计大师水准高超，是中国设计师学习的榜样，如今中国设计师也正在为世界设计的不断发展而不懈努力，他们优秀的作品也逐渐享誉国内外，他们把中华民族的优秀传统文化介绍到世界各地，下面让我们来分别了解一下当代中国的艺术设计大师。

● 靳埭强

1942年靳埭强（图1-19）生于广东省番禺区，1957年定居香港。1976年与他人合创新思城设计制作公司，于1988年改名为靳埭强设计公司，靳埭强任创作总监。他的作品被德国、丹麦、法国、日本、香港等多个国家和地区的美术博物馆收藏。

他曾在香港及海外设计竞赛中三百多项奖项，包括"纽约创作历年展优异奖""美国CA传艺优异奖""洛杉矶世界艺术比赛金奖""英国刚古纸机构形象设计金奖""香港市政局设计大奖全场冠军"等。

《靳埭强设计奖》这幅海报（图1-20）是为自1999年起开始举办的设计大赛设计的，这项比赛是靳埭强为设计事业所做的贡献之一。如今，它已成为中国大学生艺术设计的知名比赛，目的是给广大喜爱设计的年轻华人提供一个展现自我创意的自由舞台和开拓其专业视野的广阔空间。在

图1_19 靳埭强

图1_20 《靳埭强设计奖》海报

《靳埭强设计奖》这幅海报中，表现中华民族灵魂的凝聚力是海报的主题，一个"家"字把全世界的华人聚集在一起。这个"家"字的笔划分别使用不同的颜色，象征华人在世界的不同地区，"HOME"分散排列于"家"字中间，体现了靳埭强"中西不分家"的思想。整个招贴采用"描红本"的形式表现，使人有想把"家"字写出来的冲动。

【作品点析】

　　靳埭强主张把中国传统文化的精髓融入西方现代设计的理念中去，这种相融并不是简单地相加，而是在对中国文化深刻理解的基础上进行融合。例如他设计的中国银行的标志（图1-21），很简洁，意义却很深远。这个标志像一个中国古代的铜钱造型，中间有一个巧妙的"中"字，凸显出中国银行的寓意。这个标志可谓是靳埭强的经典之作。

　　包装设计也是靳埭强的强项，如中国银行的包装设计（图1-22）采用中国画中的墨叶荷花作为主图案，墨叶深浅不一，荷花层次丰富，整体效果十分优雅别致，靳埭强认为漂亮的设计并不一定是好的设计，最好的设计是那些适合产品的设计，中国银行的包装就是这一宗旨下的传神之作。在设计的过程中为中国银行的形象增加了民族色彩，使得这个包装有了浓郁的人情味。

　　靳埭强认为设计师要为别人去创作一件设计品，是要满足别人的需求，而不是为了自己而做。正如裁缝做的衣裳必须要适合别人的身材，不是做来自己穿。这是警钟，意在敲醒那些自以为是的高傲"设计师"，不要把自己的意志灌输或者强加给别人。

● 陈幼坚

　　陈幼坚（图1-23）1950年出生于中国香港，目前在香港生活和工作。今年60余岁的陈幼坚是香港最著名的设计师之一，获奖无数。他的公司曾被美国《GRAPHIS》杂志评为全球十大设计公司之一，是惟一获此殊荣的华人设计公司。他的海报设计和腕表设计甚至被美国旧金山现代美术博物馆纳为永久收藏品。他分别于1991年和2002年在东京举办了"东方汇合西方""东情西韵"的个展。

【作品点析】

图1_21 靳埭强设计的中国银行标志

图1_22 靳埭强设计的中国银行包装

Alan Chan是陈幼坚的英文名，也是他作品的署名。图1-24是陈幼坚的代表作之一。这是一个茶叶公司的标志，画面用中国画白描的手法来表现一只拿着茶叶的手。手的姿态如此优美，好似敦煌壁画中佛龛造像里的佛手一般。在佛教中，不同的手势表示不同的含义，这里的手势表现的是"吉祥"之意。同时，这个标志的颜色只用了怀旧的红褐色，颇具女性柔美之感。品茶的意境由手外一圈光环营造出来，在构图上，叶子的形打破了由字母组成的圆形外圈，显得很有活力。

再来看他的包装设计。每次看他的作品，都会有一种"老上海"的感觉，画面带着中国古色古香的传统味道，让人百看不厌。这幅食品包装（图1-25）的正面像一部史书一样，记载了产品悠久的历史，既赋予了作品传统神韵，又不失时尚的优雅。

对中国文化的执着并没有使陈幼坚变成一个固守传统的"艺术遗老"，而是让东、西文化在他的设计理念中更为合理地融合在一起。陈幼坚为2008年北京奥运会设计了《新北京新奥运》海报（图1-26），画面极其巧妙地把

北京天坛公园的典型建筑和奥运五环联合起来，看上去就像天坛在晃呼啦圈，既古典又颇具新意，这或许是陈幼坚传达给我们的信息。

他成功地糅合西方美学和东方文化，在东京新宿的高岛屋有一家名为"茶语"的茶馆，从室内装潢和司标设计到茶具的选用，都堪称是陈幼坚设计艺术精髓的体现。

● 刘小康

刘小康是香港人，1988年与靳埭强合作成立了"靳埭强设计有限公司"。他获得过香港及海外奖项超过250个，其中包括于1989年举行的"德国莱比锡最佳书籍设计银奖""香港设计师协会双年展金奖及苹果大奖，"1993年"东京字体协会铜奖"及"纽约水银奖金奖，""1997年韩国第三届国际海报三年展全场大奖"等。他的作品同时包含文化、设计和商业元素，对提升品牌市场占有率和促进本土文化传播有着良好的效果，图1-27是他设计的迎接北京奥运的招贴。

● 余秉楠

他被尊称为"书籍设计第一人"，曾在清华大学美术学院教授、书籍艺术系主任。他的作品曾荣获1989年德国莱比锡市政府颁发的"'谷腾堡'终生成就奖"，1992年加入国际平面设计协会（AGI）并被封为荣誉特使；担任2001年国际平面设计社团协会（Icograda）副主席、大使；2002年国际平面设计社团（Icograda）为其颁发"杰出成就奖"。图1-28是他的设计作品。

图1_23 陈幼坚

图1_25 陈幼坚的包装设计

图1_24 陈幼坚的标志设计

图1_26 陈幼坚设计的《新北京新奥运》海报

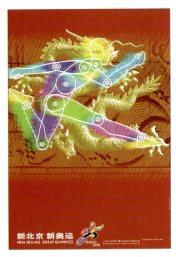

图1_27 刘小康设计的迎接北京奥运招贴

图1_28 余秉楠的设计作品

● 几米

他是众所周知的台湾漫画家，1958年11月15日生于台湾，从文化大学美术系毕业后，曾在广告公司工作12年，后来为报纸、杂志等多种出版物画插画。1998年他首次在台湾出版个人绘本创作《森林里的秘密》和《微笑的鱼》。1999年至2001年陆续出版了《向左走，向右走》《月亮忘记了》《我的心中每天开出一朵花》《地下铁》等多部作品，展现出惊人的创作力和多变的叙事风格，在出版市场兴起了一阵至今热力不减的绘本创作风潮。2002年他出版了《我只能为你画一张小卡片》《布瓜的世界》等令人充满惊喜的作品，广受两岸三地读者的喜爱。2003年长篇作品《幸运儿》是一本充满悲悯情感的传奇之书，突破了他以往的创作手法，带领我们进入几米创作的另一个境界。图1-29至图1-33是几米的插画作品。

图1_29 几米的漫画中人物总是很小，在画面的角落里

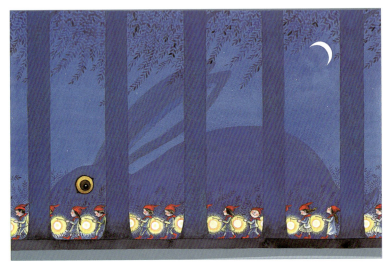

图1_30 画面独特的构图设计传达出神秘的讯息

1.4 **设计的分类**

"设计"是个很宽泛的词，它包含很多方面，设计根据不同的应用领域分为不同的类别。

1.4.1 从空间上划分

在设计空间上，从以平面为主扩展到三维甚至是四维形式，细化有平面构成、立体构成两大形式。从专业学习角度分为平面广告设计、室内空间设计，立体广告，其中立体广告包括商业橱窗广告、展览会场广告、霓虹灯广告、灯箱广告、软雕塑广告等门类。

1.4.2 从设计用途上划分

从设计用途上可分为建筑、城市规划、室内设计、工业产品造型设计、商业广告、商业包装、企业形象设计、标志设计等。

1.4.3 更宽泛的分类

从更宽泛的角度可分为视觉、产品、空间、时间、时装几大类，包括建筑、室内装饰、城市规划、工业设计、工艺美术、服装、电影电视、包装、陈列展示、室外装潢等。

不同的设计类型各有其独特的现实性和规律性，并相互联系、相互渗透、相互影响。

图1_31 画面充满了浪漫的情调，表现出春天的色彩

图1_32 画面构图平稳，塑造出幽默的人物造型

图1_33 画面用丰富的色彩反衬出人物内心的孤独感

CHAPTER 2

何为广告

课题概述
主要介绍广告设计的源头、日本的设计发展之路、广告的定义、广告的分类、广告设计的趋势等。

教学目标
培养学生对广告设计基本理论的把握，使学生了解广告设计的主体内容和发展方向，学习和分析广告设计作品的特点及含义。

章节重点
通过对广告设计历史的了解，从而明确自己的广告。

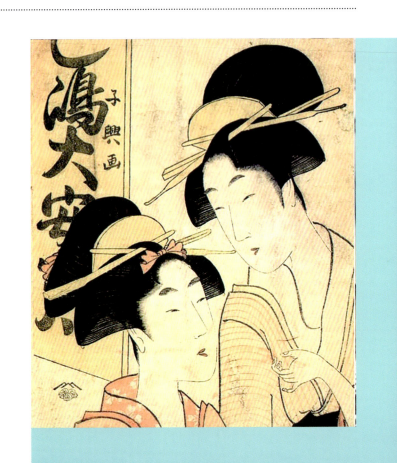

THE LANGUAGE OF LIGHT

KENWOOD 产品包装

2.1 广告的源头

广告设计发展至今已有一百余年的历史，历经了几个重要的阶段，到今天已成为一个成熟而独立的设计艺术门类。人类文明的发展史也是人类艺术传播的见证史。人类最早的生活状态是以捕猎谋生，捕获的猎物共同分享；从捕猎时代过渡到原始的农耕时代后，随着农业生产力的提高出现了剩余的农产品，人们用它来交换其他的生活用品。在同等价值的交换活动中，随着"商品"的出现，"广告"也应运而生了。

2.1.1 中国广告百年

广告在中国历史上经历了三次重大的发展与突破。

首先，我们要先了解视觉图形和人类发展历史是不可分割的，人类借助图形符号、标识、刻录记载着相互间交流、沟通的信息。人们很早就懂得利用视觉符号进行信息的传达。最早的符号出现在中国古代岩画、契刻、咒术、图腾上，其后主要出现在节日的仪式、祭礼、徽章、旗帜、地图、乐谱、解剖图、哑剧、舞蹈上等。

结绳记事、洞穴壁画、龟骨刻文、彩陶图案、是早期人类用以记载活动的方式。随着人类社会的发展，慢慢地演变出了象形文字和易识别、有意义的图形符号（图2-1），而后又慢慢地出现了语言。古时的象形文字和语言相结合，承担着传播和交流的功能。这是人类广告史上第一次重大发展和突破。

(1)第一次重大发展——原始广告形式的交易图

四川广汉出土的"东汉画像砖"（图2-2）上人物形象生动，有的在讨价还价，有的在招徕客人。画面再现了最早的经济贸易的形式。

随着剩余产品的增多，物质交换活动日趋频繁，为了把商品尽快卖出去，用声音叫卖商品便成了最早的广告形式。

(2)第二次重大发展——早期的商业发展情况和原始的商品销售形式

传统的广告宣传形式也为新广告手段的出现做了铺垫。例如，在口头叫卖的基础上，演变和发展出了招牌、幌子、酒旗、悬挂招牌、实物示范广告、商品展销会、彩楼、欢门、门匾等广告形式，在河南省登封县告咸镇发掘出土的东周陶器被认为是我国最早的文字广告。在《清明上河图》（图2-3）上可以看到不少商铺，其店面装饰十分讲究，可见当时已十分重视店堂装饰。由于行商叫卖、扯嗓吆喝既费力气，声音又传不远，于是就衍化出各类具有专

图2_1 原始的记录生活的图形符号

图2_2 东汉画像砖

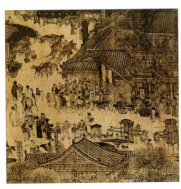

图2_3 《清明上河图》局部

图2_4 "济南刘家功夫针铺"的印刷铜版

图2_5 郑曼陀的绘画被用在"哈尔滨北满烟公司"的香烟广告上

22

业特色的音响广告,用各种不同的器具摇、打、划、吹,发出不同的音响表示不同的行业,例如卖米酒、剃头匠的铁滑剪等。

(3)第三次重大发展——印刷技术的发展

随着科技水平的提高,印刷为广告提供了新的传播媒介,现存中国历史博物馆的"济南刘家功夫针铺"(图2-4)的印刷铜版,就是相当珍贵的宋代广告印刷史料。我们可以依稀分辨出上面的

文字:"济南刘家功夫针铺,认门前白兔儿为记,收买上等钢条造功夫细针,不误宅院使用,客转为贩,别有加饶。请记白"。画面布局合理,构图严谨,借神话传说为商标图案。从广告设计的角度来看,这则广告图文并茂,文字简练。

上海广告牌画家郑曼陀是我国民间画家,他开创了时装女模特上月份牌的先河,在画边放上产品,他塑造的月份女郎形象红遍一时。他把传统人物

绘画技法与水彩画技法结合起来,慢慢地形成了一种新画法——擦笔水彩法。图2-5中展示的"哈尔滨北满烟公司"香烟广告,只是当时月份女郎形象广泛流行的一个缩影,画面上的人物栩栩如生,再现了中国当时广告设计师的绘画写实的功底,两位身穿旗袍、温文尔雅的女性,正在进行高尔夫娱乐活动。这是当时中国资本家的生活写照。

随着近代印刷业的发展,出现了成本低廉的报纸广告、杂志广告。报刊广告的发展,造就了一个新的行业——广告代理商的兴起。20世纪30年代,广告公司的兴起是我国广告发展史上的一个里程碑。在这一时期,广告媒介开始变得多样化,出现了多种多样的广告形式,如路牌、橱窗广告、霓虹灯广告、电影等,大体都各有专营的公司。

广告在经过20世纪的产业革命后,日益成为新世纪各种现代企业的营销手段和信息传达的重要方式。如今,电视、报纸、杂志、路牌、互联网,让人目不暇接,人们在不知不觉中受着广告的影响。20世纪80年代以来,计算机成为中国设计师的主要工具,计算机技术的日新月异使中国设计师的创意得到了更多的技术支持,设计作品也因此更加丰富多彩。

中国海报广告的发展也随着经济的发展而发展,其表现手法既有写实、自然主义的,又有抽象形式、象征形式的。海报又开始高度重视商业功利作用,专业广告设计师的队伍越来越庞大,此时期的中国海报除采用以前惯用的写实主义绘画形式以外,平面剪贴、漫画、超现实主义风格等表现形式也越来越多。

2.1.2 世界广告的发展

有原始记载的图形形式距今大约已有1.5万年,法国南部的拉斯科洞穴壁画(图2-6)被认为是世界最早期视觉传播的重要代表。原始人作画并非为了满足审美需求,而是为了将巫术仪式和将士狩猎的技艺记录下来传授给后代。拉斯科洞穴壁画已经承担了传授技艺的信息传递功能。

图2_6 拉斯科洞穴壁画

图2_7 1472年,出售祈祷书的广告

图2_8 阿尔方斯·穆哈作品

到了13世纪，中国的木刻版印刷技术传入西方，西方的印刷广告快速发展。1472年，威廉·凯克斯印制了关于出售祈祷书的广告（图2-7）。

19世纪中期，工业革命的兴起与机械化大生产促使商品流通加快，广告代理人也随之出现，广告成为一个独立的行业。在电脑没有出现以前，广告设计多是以手绘形式来表现的，当时的从业者都必须具备一定的绘画能力和艺术素养。这种极具艺术气息的商业形式有着悠久的历史和旺盛的生命力，从诞生之日起延续至今。

到了1900年，欧洲其他各国也开始盛行招贴广告，出现了不少杰出的招贴广告设计大师。

● 朱尔斯·谢雷特

朱尔斯·谢雷特（Jules Cheret）是广告招贴画的先驱，他在1860年到1900年间设计了几千张海报作品，并带领他的同行跨越了美术和设计的界线，将19世纪末奢华的巴黎变为一个海报招贴中心。1866年，法国的朱尔斯·谢雷特在巴黎他自己的印刷厂里制作了世界上第一张彩色的平面招贴广告。

● 阿尔方斯·穆哈

阿尔方斯·穆哈（Alphonse Mucha）是19世纪末巴黎最重要的海报大师，他那风格独特而充满原创性的海报设计不仅成为法国新艺术的标志，也成为20世纪的广告模板，为"从绘画到商业"招贴海报的过渡做出了成功的尝试（图2-8和图2-9）。阿尔方斯·穆哈的设计极富装饰意味，奢华的曲线表达出女性的魅力，十分受大众的欢迎。

随后招贴画的每一次艺术运动都和设计运动紧密相联，呈现出与不同时代特色相互辉映的风格，在作为一种重要的商业宣传手段的同时，也成为平面广告设计的一块重要展示阵地。

19世纪的后30年，是资本主义在欧美向垄断资本主义发展的时期，这一时期大大地促进了商品经济的繁荣。酒吧、舞厅、剧院之间也展开了竞争，运用广告招揽顾客成为一种商业竞争手段，现代广告就是在这样一种竞争的时代背景下开始发展并进入了现代广告设计的最初阶段。

在这个时期内，广告设计的主要艺术形式是招贴与路牌广告，许多著名的绘画艺术大师都参与了招贴的创作活动，如英国的奥博利·比亚兹莱（Aubrey Beardsley），法国的图卢兹·劳特累克（Toulouse Lautrec）、埃德加·德加（Edgar Degas）、奥诺

图2_9 阿尔方斯·穆哈作品

图2_10 此招贴画表现了当时人们生活的窘迫

图2_11 美国纽约海报

图2_12 可口可乐公司的海报，显示了摄影技术的提高

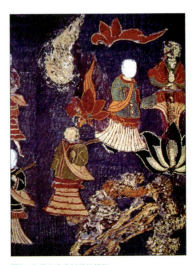

图2_13 日本奈良时代的织物

雷·杜米埃（Honoré Daumier）、皮埃尔·博纳尔（Pierre Bonnard）等，他们对早期的招贴创作做出了重要的贡献。受印刷成本的限制，这个时期的招贴海报多用价格低廉的石版印刷，因此画面效果显得比较简单、粗糙，精细程度不高。

20世纪前30年代，科学技术突飞猛进地发展对广告设计产生了重大影响，宣告媒体传播进入了一个现代化时代，出现了一系列新的广告形式。

1914年至1918年第一次世界大战期间，各国政府都把广告当作重要的战争宣传工具，因而使广告具有了很高的社会意义和价值。图2-10就是能反映当时人们生活状况的招贴。

在这一时期，由于现代美术运动的兴起，活跃在美术领域中的立体派、野兽派、未来派、表现派等一大批现代主义流派纷纷出笼，各种展览层出不穷，极大地影响了广告的表现形式，改变了20世纪的图形语言和视觉传播方式，推动了广告设计艺术的发展。

在第一次世界大战中，美国广告业也随之发展起来，并摆脱了纯绘画的束缚，表现出强烈的商业化倾向（图2-11）。其时，美国广告开始重视商品与劳务信息的传播，在表现手法和广告语言上都初步具备了现代广告设计的格局，奠定了现代广告艺术的基础，占据了世界头号广告大国的地位，直到今天美国仍然处于世界广告前列。作为广告大国的美国，其广告设计上不仅表现形式多样化，而且表现手段也日益现代化。广告教育在美国日益普及并受到重视，许多大学开设了广告课，并出版了许多广告专著，为奠定现代广告的理论基础做出了杰出的贡献。

1919年德国的瓦尔特·格罗佩斯（Walter Gropius）创立了德国"国立魏玛包豪斯学校"，它是现代美术设计的先驱和摇篮，开创了设计的新纪元。包豪斯学校的教育思想和方法先后被瑞士、荷兰、日本、匈牙利等国竞相采用。1933年，在德国纳粹政权的迫害下，包豪斯学校被迫关闭，其主要教授先后移居美国，重新致力于设计教育，在他们的推动下，美国的设计教育很快

达到了国际领先水平。这个时期广告设计的主要表现形式仍是招贴广告与路牌广告，报纸与杂志广告随着新闻媒体的发展而产生，追求绘画的表现效果和技巧仍然是广告绘制的主要要求。

第二次世界大战以后，世界广告艺术进入了科学发展时期。广告开始高度注重商业效果，以科学的方法解决广告设计的程序问题，同时形成了专业化的人才队伍，在广告设计中融进了许多新的手法。20世纪50年代后期，摄影技术的提高推动了商业摄影的快速发展，使之成为受人欢迎的重要广告表现形式（图2-12）。

1960年至1980年是现代广告艺术得到大发展的时期。20世纪60年代后期，产品极大丰富，市场由卖方市场转化为买方市场，市场竞争异常激烈，迫使营销观念也发生了根本性的变化，企业已不再把广告当作一种孤立的推销手段，而是将它纳入市场营销活动的一部分，使其有机地与其他环节配合，共同发挥产品促销作用，现代广告艺术的作用与地位这时才真正得到发挥与确认。在这个时期，对视觉传达手段和效果的研究，对市场调查和消费心理的研究以及对广告策划科学性与严密性的重视等都达到了空前的地步。传达商品与劳务信息，树立企业与商品的良好形象已成为现代广告设计的重要目标。

2.2 日本的设计发展之路

20世纪50年代到60年代日本经济的高速发展为广告的发展创造了良好的客观环境。

日本的传统设计在很大程度上受到了中国文化思想的影响。

从公元600年至755年，日本向中国派遣的使者和留学生的人数见于记载的就达数百人，其中画师、乐师、建筑师回到日本后推动了日本文化艺术的发展。中国对日本文化思想的影响主要表现在两个方面，一是佛学，二是儒学。可以说中国传统的禅宗长期以来就是日本文化精神的基础。明治维新后，西方思想不断冲击着日本，但儒

学始终作为日本一种做人的原则和行为规范被保留下来。当这一切传入日本时，中国的美术也随之传入日本。

日本奈良时代的织物设计就是典范（图2-13），日本奈良时代的绘画不管是题材、体裁还是风格，几乎都可以说是中国的"摹本"。从陶瓷、服饰、漆器工艺到建筑，都体现了中国唐朝时期的特征，不仅艺术本身忠实于中国佛教绘画的传统，甚至连画上描绘的内容也是按唐代时的生活安排的。与此同时，日本画家也已经开始使用中国画表现技法表现适合本民族的色彩与线条。

到了平安时代，日本美术日益成熟。日本僧人从中国带回的绘画为推动日本佛教的发展和美术的本土化增加了动力，并形成了自己独特的风格，具备了自然、温和充满历史感的意味。12世纪到14世纪，日本出现了"绘卷"体裁的绘画，16到17世纪日本进入了壁画的鼎盛时期，其代表人物就是狩野永德，他的绘画特点是具有精练的表现技巧和亲切的自然风格。

日本著名的浮世绘即产生于这个期（图2-14）。浮世绘明显受到明代版画工艺的影响，分为浮世绘山水和浮世绘花鸟。

之后，日本逐步废止了封建制度，但日本的传统设计却一直保持着单纯、简朴之风，不加一些华丽的装饰，并且充分体现出民族化的传统。这对于日本其后确立一个现代化国家的现代设计风格也起了很大影响。

新兴的明治时代以一种迅猛的节奏改变了日本面貌。西方的思想和美术风格被知识分子接受的同时也保留了自己的传统，使日本美术进入了一个新的历史时期，对日本现代的设计产生了深远影响。现代的日本社会存在着一些矛盾：高度的工业化意识和封建社会意识之间的矛盾；国民宿命论和创造精神之间的矛盾。这一社会现象最终使现代日本设计出现了"双轨制"，即对国内应用的设计民族化、传统化，例如：陶瓷、服饰、漆艺、建筑等；而对国外应用的设计则以国际准则发展，如日本的汽车、光电子学、环境艺术等。日本现代设计具有一种追求简朴

自然，追求不完整、非规则的美学观。在一些工业设计中也反映出一种追求"自律""隐化"的美学观，追求"有限的""零""一无所有""永恒简朴"的美学趣味，并且十分注意细节，以满足紧凑、便携的产品设计要求。

20世纪60年代，以龟仓雄策（Yusaku Kamekura）为领袖人物的日本广告艺术俱乐部吸收欧美构成主义的理念作为新设计运动的依据，促进了日本广告设计的发展，图2-15为龟仓雄策的作品。1964年日本举办东京奥运会，龟仓雄策设计的标志与广告获得了国际上的好评，为促使日本的广告登上国际舞台做出了贡献。这个时期广告仍采用艺术的创作手法，但更注重商业效果，力求发挥广告的促销作用。随着报纸、杂志等新闻媒体的迅速发展，招贴与路牌广告已逐步退居次要地位。在创作上，为迎合受众的偏好和习惯，更加强调可读性，广告文案的策划与撰写开始成为广告设计流程中重要的一环。

日本著名设计家和教育家大智浩和佐口七郎的书中也描述了"设计和设计理论是进行深刻反思后的理论结晶。"他们认为："所有设计必须满足各样的条件，只有满足这些条件的造型才是设计。"作者提出五种产品设计方法：①机能；②构造、技术、材料；③场所；④经济；⑤形态和审美。

日本索尼（SONY）公司是一个国际化的大公司，该公司十分重视产品

图2_14 浮世绘

图2_15 龟仓雄策的设计

图2_17 日本川崎公司的广告

图2_16 索尼公司产品的广告

的外观设计。它的设计原则是：①便于保养维修，拥有良好性能；②设计必须美观大方；③质优；④独创性；⑤合理性；⑥坚固耐用；⑦与环境和谐统一；⑧要有形象特征。图2-16是日本索尼公司产品的广告。

而日本川崎公司则常常把黑色作为产品的主题色，因为黑色具有特有的冷峻、稳定的品质，与他们主要经营的家电、重型工业商品稳重、权威、严谨的心理感受比较匹配。图2-17是日本川崎公司的广告，整个画面简洁朴素，大量的留白符合东方的空间观念。这种简洁明快、直奔主题的设计方式也是现代设计的一个趋向，充分反映了日本现代设计的特点。

2.3 广告的定义

广告，即"广而告之"，但其准确的含义并非像字面含义那么简单。历史上曾经有过许多不同的词语来称呼和诠释今天的"广告"一词。从广告的形成角度来看，广告是社会经济发展中出现的一个现象。可以说，广告是贯穿人类社会发展过程的活动。人类的祖先最早利用叫卖的形式进行广告传播，后来又借助图像和文学扩大了广告传播的广度。大众传播媒介的出现，使广告传播再次发生质的变化。

19世纪末以前，西方科学界认为广告是"有关商品或服务的新闻"。他们只是把广告看作一种起告知作用并与新闻报道相类似的传播手段。此后，随着广告业的不断发展和对社会影响程度的加深，对广告概念的论述也越来越多。

19世纪90年代美国现代广告之父阿尔伯特·拉斯克（Albert D.Lasker）认为，广告是"印刷形态的推销手段"。这个定义是在当时广告的发布手段只有印刷，而电子信息传播媒体很少的情况下提出的，比较准确地揭示了广告的目的是"推销"。

以上这些对广告的定义在今天看来无疑是十分片面的，但这些看法却推进了广告的发展。在这之后，广告有了更全面的解释。

从语言学的角度来说，"广告"一词源于拉丁文"AdA verture"，其意思是"吸引人注意"；后来，"广告"一词变为"Advertise"，现代英文中简写为"Ad"，其含义也改变为"使某人注意到某件事"，或"通知别人某件事，以引起他人的注意"。中国最早使用"广告"一词大约是在20世纪初，这个词刚被使用时只有"广泛宣传"之意。日本约在1872年首次将英文"Advertise"译成"广告"，到1887年才统一使用这个词。在此之前，日本有"报条""告条""报告""告白""告知""公告"等不同的翻译。随着时间推移以及人们对广告认识的加深，原来带有静止意义的名词"Advertise"，被人们赋予了现代意义，转化为具有"活动"意义的词汇"Advertising"，广告已不再单指某一个广告，而是更多地指一系列的广告活动。

如果从广义的概念来看，广告包括非商业广告和商业广告。非商业广告指不以盈利为目的的广告，如公益广告，政府行政部门、社会事业单位乃至个人的各种公告、启事、声明等；从狭义上看，广告仅指商业广告，是指以盈利为目的的广告，通常是商品生产者、经营者和消费者之间沟通信息的重要手段，或企业占领市场、推销产品、提供劳务的重要形式。

综上所述，广告设计就是"以付费的方式，通过一定的媒介，向一定的人传达一定的信息，以期达到一定目的的有责任的信息传播活动"。

2.4 广告的分类

广告的类别也可称为广告的存在形态。广告可以按照不同的划分标准进行分类，例如按广告的内容、对象，广告媒介，广告诉求方式，广告产生效益的快慢，商品生命周期的不同阶段等方面来划分。广告随着社会经济的发展和科学技术的进步已经涉足到社会的各个领域，它影响着社会经济，而且还渗透到政治、文化、公益等各方面。

2.4.1 按广告内容划分

广告按内容可以分为政治宣传广告、文化广告、商品广告、社会公益广告四种。

（1）政治宣传类广告

政治宣传的广告是为了政府及政府各部门实施政策、号召社会而发布的广告，它具有行政性。如建国纪念海报、计划生育活动招贴、和谐社会建设招贴、党的教育建设招贴、平稳经济建设招贴等。

（2）文化广告

文化广告是指传播文化方面信息的广告。它是以满足人们精神生活需要为主要目的的一种传播手段，和义务制教育、创新科技、标准普通话、艺术、奥运会、旅游等广告。

（3）商业广告

商业广告又称经济广告，通过宣传推销商品或劳务，从而取得利润。商业性广告是和经济利益挂钩的广告，目标是为了促销商品，或宣传企业，为了达到其最终目的会采用不同形式的手段，可以把其分为三类：商品销售广告、企业形象广告和企业观念广告。

（4）社会公益广告

公益广告是不以营利为目的的宣传广告。它利用媒体为社会提供服务，如寻人启事、职员招聘、征婚、挂失等以启事形式发布的广告以及有关政府、社会团体或企事业集团、单位的会议通知，保护环境、积极献血、救助失学儿童、注意交通、文明生活的公告和通告等。此外，由一些团体或组织机构以宣传招贴的形式发布的宣传立场、观念的广告也是非盈利性的（图2-18）。

2.4.2 按广告媒介划分

广告的发展是由社会科技的进步和经济的发展所带动的，传播媒介的种类也随着科技的发展而越来越多。在传播广告信息时，不同的广告媒介有着不同的特点，并且有不同的表现形式，在广告传播的范围、时间等方面有着不同的表现。除了电视、广播、报纸、杂志四大媒介之外，还包括平面广告、户外广告、POP广告、DM广告、包装广告等，更新的广告形式还有真人广告、VI企业形象策划广告等。

（1）平面广告

平面广告，若以空间概念界定，泛指现有的以长、宽两维形态传达视觉信息的各种广告；若以制作方式界定，可分为印刷类、非印刷类和光电类三种形态；若以使用场所界定，又可分为户外、室内及可携带式三种形态；若从设计的角度来看，它包含文案、图形、线条、色彩等要素。平面广告因为传达信息简洁明了，能瞬间抓住人心，从而成为广告的主要表现手段之一。平面广告设计在创作上要求表现手段浓缩化和具有象征性，一幅优秀的平面广告设计应表现出时代意识，并具有设计上独特的表现手法。

招贴广告是我们常见的一种平面广告。招贴也称为海报、宣传画，主要张贴于人流量较大的繁华地区，如车站、机场、码头以及各大销售场所等，它被誉为"最美的印刷品"。

宣传册也是平面广告的一种，是直接发给消费者或邮寄给消费者的广告形式，便于消费者随时阅读，所以设计和印刷要很考究，否则会影响企业形象和产品的说服力。

（2）影视广告

影视广告是指通过视听形象来传播信息的广告（图2-19）。影视广告包含画面、广告词、音乐、音响、情节等五个要素，同时也具有视听兼备、覆盖面大、收视率高，并集知识性、故事性和趣味性为一体的特点，是传播效果最佳的媒体，也是覆盖面最大的大众传播媒体。

（3）广播广告

广播是通过无线电波或金属导线用电波向大众传播信息、提供服务和娱乐的大众传播媒体。在电视没有

图2_18 公益广告

图2_20 报纸广告

图2_19 影视广告

图2_21 杂志广告

普及之前，广播是备受人们欢迎的。电视的兴起将大批广播广告的客户拉走，曾经有人担忧地说："广播广告注定要消失。"然而，从多年的发展趋势上看，广播的影响力仍然很大，它有其他媒体无可比拟的独特魅力。

（4）报纸广告

报纸广告是指通过报纸快速、有效、灵活地传播信息的广告（图2-20）。报纸广告具有迅速见效、广泛告知、醒目突出、价格低廉、有备可查等优点。报纸发行量大、时间快、广告费用较低，且具有多样化的发行渠道。

（5）杂志广告

杂志是宣传各类产品的理想媒体，杂志广告是指利用杂志的封面、封底、插页、内页登载的广告（图2-21）。借助杂志有特定消费群体的特点，杂志广告分类较细，针对性强。广告主可把商品信息准确地传达给目标对象。杂志广告有效期较报纸长，有周刊、半月刊、月刊、双月刊、季刊等，年终还可订成合订本，且易于保存，可供读者反复阅读。

（6）户外广告

户外广告是指设置在露天或公共场所的广告（图2-22）。户外广告具有画面简洁、内容突出、长期有效等特点。人们往往是在潜移默化中接受户外广告的宣传信息，如路牌广告、灯箱广告、霓虹灯广告、立体广告、充气广告、旗帜广告、招贴广告、条幅广告、车载广告等。

（7）DM广告

DM广告即直邮广告，是将广告直接邮寄给选定对象的一种广告形式（图2-23）。直邮广告包括信件、商品目录、产品说明书、企业刊物、明信片等多种形式，其最大特点是具有极强的针对性与灵活性。

（8）包装广告

包装以保护商品为目的，包装广告是对商品包装表面施以装饰的设计，并以此作为传播信息的媒体（图2-24），包装形式包括杯子、瓶子、盒子、袋子等。包装广告的特点是包装、商品、广告三位一体，许多商品

因为包装设计美观、引人注目，从而大幅度提高了商品的销售量。

（9）POP广告

POP的英文全称是"POINT OF PURCHASE"，意思是销售点广告，或称购物场所广告。在商店建筑内外，所有能帮助促销的广告物或提供有关商品介绍、服务、指示、引导等信息的标识都可以称为POP广告。

（10）真人广告

真人广告是用人的身体语言来宣传商品的广告形式，非常具有吸引力，如广告模特会穿着卡通动物造型的服装走来走去、招揽顾客，甚至有些真人广告中的模特是不动的，让人分辨不出真假。

（11）VI企业形象广告

VI企业形象广告是以视觉设计为主，以建立企业信誉为目的的广告，通过调节、沟通企业与消费者的关系，从而达到推销商品的目的。

VI企业形象广告包括企业的标志设计、企业的主题色彩以及企业一切用于对外宣传的设计，如办公用品设计、节日活动设计、企业员工服装设计、橱窗设计、车载形象设计、企业吉祥物设计、店面设计、导入设计、门牌设计、公共标识设计等（图2-25）。VI企业形象广告表达的是企业所关心的问题，直接影响到企业的利益。例如，，在可口可乐独霸国外饮料市场的情况下，生产七喜汽水的厂商有意识地采用VI形象作为广告宣传，把企业形象贯穿在广告中，加深了消费者对"七喜"的印象，打破了可乐的垄断地位，就是一个很成功的例证。

除了以上广告媒体外，还有一些

图2_22 户外广告

图2_23 DM广告

图2_24 KENWOOD产品包装广告

图2_25 VI企业设计应用识别系统

新的媒体广告，如网络广告、录像广告、香味广告、空中烟雾广告、挂历广告、台历广告、电话簿广告、礼品广告、办公用品广告、玩具广告、赠品广告、门票广告、年鉴广告、搬家通知卡广告、优惠卡广告等。

2.5 广告设计的趋势

当我们了解了广告设计的发展史之后，我们对广告的未来有了新的期盼，期盼它不断进步，不断发展。未来广告设计将如何发展，是值得所有广告人思考和探索的问题。从广告的传播方式、走向、表现形式等方面，可归纳出以下三大趋势。

2.5.1 传播方式不断更新

广告传播方式的更新需要依托科技的发展，现代数码技术、网络技术

成为推动广告发展的主力军。其中网络传媒是广告传播的重要媒介，先进的电脑科技提升了广告设计的速度，也借助其广阔的覆盖面把广告设计传播到世界各地。

同时，随着信息化时代的到来，设计者的思想受各方面信息的冲击，也不断推陈出新，例如出现了"真人广告"。

2.5.2 走向国际化

广告国际化或称广告全球化是指企业在世界各地市场上通过采用基本一致的广告传播方式，实现企业的全球市场营销战略。广告国际化有两个含义：其一是广告业对跨国资本的服务，以全球化标准，同时又适应目标市场特定社会文化环境的方式促销跨国企业的产品；其二是广告业全球化标准协调的大规模作业，实现了对目标市场广告份额的攫取。中国在广告

国际化进程中亦摆脱不了这两方面的内容。

在全球一体化的作用下，广告在世界各国的产生和发展都有着相似的规律。这幅可口可乐公司的广告（图2-26）就是一个非常好的例证，画面用公司标志作装饰，融合中国民间传统的拨浪鼓造型，小巧的拨浪鼓转动起来充满了生机与活力，完美地诠释了"东加西"的设计理念，使商品"入乡随俗"。

2.5.3 表现形式更富人情味

广告要吸引消费者，必须先打动消费者。"以人为本"是现代广告理论的核心，主张人不仅是实现广告目标的工具，更是广告发展的目的。

设计应该以"人"为本，让观看者觉得有人情味，在这一精神指导下，有许多广告设计作品直接以"人"为设计题材，例如《2005中

图2_26 可口可乐公司的广告

图2_27 《2005年中国平遥国际摄影大展》招贴广告

国平遥国际摄影大展》的海报（图2-27），画面用人的手势表现鸽子的翅膀，极具动感的手指好像鸽子在飞翔，表达了"没有和平，就没有人类"的思想。

2.5.4 让抽象的概念变得具象

抽象是一个概念，它意味着作品中的视觉图像无法根据现实生活的经验加以辨识，这种艺术表达的样式是抽离于自然物象之外的。

在进行广告设计时，要想表现抽象的概念，可以采用延伸抽象概念，将其附着在具体事物上，并使具体的事物形象抽象化的手法。

2.5.5 让传统的东西变得现代

在中国悠久的历史中，民间艺术闪现出夺目的光芒，呈现出多样的形式和顽强的生命力，和现代设计艺术有着源远流长的血缘关系，设计艺术的发展，需要以民族文化底蕴为基础，从民间美术中汲取营养。

如日本设计大师杉浦康平，他是平面设计大师、书籍设计家、教育家，他是神户艺术工科大学的教授，亚洲图像研究学者第一人，并多次策划举办有关亚洲文化的展览会、音乐会，他以独特的方法论将意识领域世界形象化，对新一代创作者影响甚大。图2-28是他的设计作品。

2.5.6 让设计变成语言符号

要想了解设计的本质，需要将设计看作是特殊的语言符号；设计的目的就是研究语言的符号系统；对设计语言的符号系统的了解，将有助于设计的目的和设计理念，进而了解和解决更广泛和语言的符号学问题。比如，用现代的抽象设计手法去设计古典的民族的东西，要想表现出鲜明的民族感，就要在色彩运用上多做考虑，如可以采用比较怀旧的色彩等设计手法。

2.5.7 让表面的东西变得深刻

从根本意义上讲，设计是社会和文化思想的反映，因此从某种角度上说，设计艺术是一种对社会的理想。讨论设计艺术的发展趋势，先要了解人们对社会的理想模式，如要求、幻象、期望、责任等。要让表达的东西变得深刻起来，设计者就必须深入生活去研究、去探讨，而不是频繁的去寻找新方向。

图2_28 日本设计师杉浦康平的作品

CHAPTER 3

广告策划要点

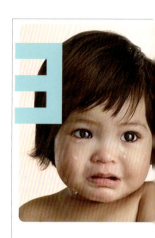

课题概述
介绍广告的要素、广告设计流程、设计方案调研、广告设计定位及广告语言等知识。

教学目标
了解广告策划是在设计前要先弄明白的部分：明白设计什么、设计要求、消费需求、市场需求。了解广告设计的市场定位主体内容，分析广告设计文案的特点和含义。

章节重点
通过对广告定位的了解，从而制定出优秀的广告方案。

Absorbs what others don't. **Pampers**

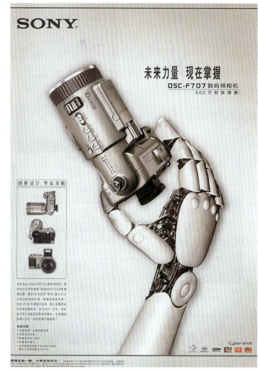

3.1 广告的要素

以大众传播理论为出发点，广告信息传播过程中的广告构成要素分别是广告信息发送者、广告信息、信息接收者、广告媒体和广告目标。

(1)广告信息发送者

广告信息发送者就是广告主，也就是合同里的甲方，是提出发布广告的公司、企业代表或个人，如集团、超市、宾馆、餐馆、电影院、乡镇企业、个体商贩等，他是广告的倡议者、投资者和广告活动的受益者，是广告活动的主体。

(2)广告信息

广告信息是广告设计的内容，包括产品信息、消费信息和审美观念信息等。产品信息包括广告产品的性能、质量、购买时间、地点和价格等。消费信息包括各种非商品形式的买卖或半商品形式的买卖的服务性活动的消息，如促销活动、购物服务、健身活动、展览活动、运动活动、餐饮活动以及信息咨询等行业的经营项目。审美观念信息是指通过广告活动倡导某种审美的意识，使消费者树立一种有利于广告企业推销其商品审美的消费观念。

(3)信息接收者

信息接收者是指消费人群。例如食品广告往往会采用诱人的色彩，表现食品的美味，同时会介绍食品的悠久历史、先进的设备、富含营养的配方以及现代化的食品生产工艺，从而使消费者产生信赖感，进而产生消费意向。再比如保险公司为推销保险印发的宣传小册子，重点介绍如何给自己的儿女或父母以安定和谐的保障，从而激发消费者购买保险的欲望。又比如面向年轻人售卖的录音磁带，在广告形式上要更符合年轻人的心理需求，如图3-1所示。

(4)广告媒体

广告媒体就是传播信息的工具，是广告经营者或者广告发布者与广告宣传对象间传播信息的媒介和手段，它的具体形式有报纸、杂志、广播、电视、网络等。

(5)广告目标

广告目标是在广告策划阶段就应设定好的，广告投放后要追踪广告效果是否达到目标，是否有必要延长广告的推广期。根据广告目标的效果分为以下几类。

1)广告促进销售的目标。以广告促进商品销售，这是广告最基本的功能，也是最重要的功能之一。

2)改变消费者态度和行为的目标。当广告目标不能直接根据最后销售成果制定时，可用消费者某种行为上的表现或倾向作为一种广告讯息效果的测定标准。

3)社会效果目标。一个广告对于社会公众能够产生什么样的影响，必须综合研究和分析。

广告活动离不开广告主、广告信息、广告媒介等基本要素。广告的活动经费是由广告主提供的，包括从广告策划、广告设计到利用广告媒体进行广告宣传的整个广告活动所支付的费用。具体应包括调研费、设计费、制作费、媒体费、工资等。利用这五个设计要素，广告设计应遵循从明确"谁"到"把什么""向谁传达"最后"效果影响如何"的设计准则。

这五个方面都是广告在设计的过程中要思考和顾虑的。广告设计师要充分考虑甲方的需要，设计的过程是设计者将思想和概念转变为视觉符号形式的过程。不能只从设计者主观的想法出发，需要和广告主沟通，这样做虽然一定程度上会制约设计者的想法，但广告的需求会不断上升。同时受众审美的要求也是不断变化的，设计者应更多地从消费者的角度考虑。

最后，我们归纳一下广告的特征，它不同于一般的大众传播活动，它的特点主要表现在以下几个方面。

1)广告的设计内容是一种有目的、有计划的活动。

2)广告设计是一种传播工具，它将某一项商品的信息，由这项商品的生产者传送给一群用户和消费者。

3)广告设计的对象是消费者、公众、用户，活动主体是广告主。

4)广告设计的传播途径是通过媒体传播。

5)广告以促进商品的销售为目的，并使广告主从中获得利益。

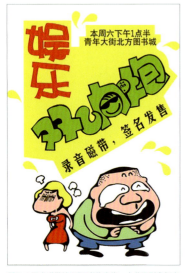

图3-1 录音磁带的POP宣传广告，十分吸引青年人

图3-2 电话调查

3.2 广告设计流程

在接受了客户的委托并订立合同后，在明确了广告目的的基础上，便进入了制作环节。广告设计的流程大体可分为三个阶段：前期计划阶段、实施阶段和总结阶段。

3.2.1 前期计划阶段

在计划阶段，需要由乙方写出计划书，确定广告设计的预算，广告设计的内容，通过什么手段表达，发布在什么样的媒体上等信息。

在准备阶段，需要对有关资料进行初步的分析、研究、扩充，同时提出多种设计方案的设想，这个阶段的设计思维具有多向性和不定形性。甲乙双方至少需要 三次会面来确定以下信息：①甲方对乙方提要求，广告主体要把广告信息、市场环境向乙方说明；②乙方提交计划；③举办营销、创意、公关沟通会。

在选择阶段，对先前提出的构想与意图作全面的分析比较，优选出最理想的方案，并进一步酝酿和加工，使设计构思逐步明确化、具体化，此时的思维具有定向性和目的性。

确定制定计划阶段，甲乙双方需要协商与谈判、签定广告发布合同、支付费用、印刷或播出录音、录像带并收集监理的反馈。

3.2.2 中期实施阶段

广告计划书交由客户确认后，便进入了实施阶段。这个阶段的重点工作是广告创意人员和设计人员与客户接洽并修改作品，完成最终的广告作品，并按排定的日程准时发布实施。

实施阶段包括广告设计构思、研究广告对象、确立色彩、进行广告创意、绘制插图、撰写标题广告语和说明文字。在这个阶段中创意活动和设计

实践活动是分不开的，要将完整的构思意图在具体形象与整体关系中表达出来，需要不断修改创意，有时甚至会完全改变原先的构思意图，用更理想的创意取而代之。

3.2.3 后期总结阶段

总结阶段主要是广告效果测评以及经验总结。这个阶段应确定拟写广告活动的整体运作的报告。广告效果的评估测定，是现代广告活动中的重要环节。

3.3 广告设计方案调研

3.3.1 调研的方法

要想寻找设计创意，做市场调查是必修课。针对消费者的需求提供服务，是设计广告的出发点，消费者的需求就是设计需要表现的部分，因此必须要有针对性地利用多种渠道、从多个方面认识和了解市场中的同类产品信息。比如我们在设计一个洗发水广告之前，首先要了解洗发水的价格、成本、包装、使用情况、产地等信息资料，以及消费者的日常习惯、喜好等。设计人员要针对这些材料进行调查研究，使其更具体化、形象化，从而确定构思和表现形式，最终完成洗发水广告设计。

面向消费者进行调研主要有面谈和电话调研两种方式。面谈调研的形式有个人面谈和小组面谈。面谈调查的询问方式有自由回答、倾向偏差、询问、强制性选择等。电话调研（图3-2），适合于访问一些不易接触到的被调查者。

在进行市场调查的时候其实就是向消费者进行推销，做设计前要详细地收集资料、统计与市场有关的材料，对市场的发展提出问题和解决方案等。

3.3.2 调研的步骤

1）确定调研的范围：一般有市场、消费者、产品三个方面。

2）确定调研的主题：提出调研的中心内容，即主题。

3）资料收集、整理：将收集的资料按内容进行归类、编排、装订。

4）分析资料：将各类资料逐项分析，列出分析提纲。

5）将分析结果汇总，写出调查分析报告。

3.3.3 调查的内容

要使市场调查方案具有针对性和科学性，就要对市场情况作全面的了解，提高企业产品和服务的知名度，扩大市场占有的份额，以此作为确定广告实施策略的依据调查的内容可以从以下几方面展开。

1）市场营销环境调查：包括市场营销的宏观制约因素、市场营销的微观因素、市场消费状况、市场的构成状况、市场商品格局状况、市场竞争对手情况、国家宏观经济政策等。

2）产品信息的调查：包括企业背景状况调查、产品历史信息调查、产品个性信息调查、产品相关信息调查、产品服务信息调查、产品市场适销定位调查、产品形象信息调查等。

3）广告播出的时间方式：分为在产品销售旺季之前出现、在一年内平均出现、在企业开展促销活动时出现、当竞争产品进行广告宣传时出现、在新产品上市前出现、当季节变化或节假日来临之际出现等。

4）广告投放选择地：分为全国性、区域性与地方性广告的相互配合，要考虑人口密度、产品在不同地区的销售状况、产品销售种类的特征、各地市场上同类产品的竞争状况等。

5）广告播出频率：应考虑企业的

图3_3 保洁公司帮宝适产品广告

图3_4 Solo房产形象宣传广告

被调查者信息	姓名	住址	
	邮政编码	居住面积	米²
	您家中是否有热水器： 1.有 2.无		
	有热水器请填写 I 至 IV 栏	无热水器请填写一至四栏	
调查项目	I. 购买时间： 1. 10年以前 2. 5年内 3. 打算要买	一、未购买原因： 1. 市场商品太贵 2. 住房条件不好 3. 暂时不需要	
	II. 哪类热水器： 1.电热水器 2.燃气热水器	二、若您打算购买，请填写该栏至四栏，您大致在何时购买： 1. 近期 2. 没有计划	
	III. 您家中的热水器： 1. 牌子 2. 产地	三、如您要购买，您喜欢： 1. 电热水器 2. 燃气热水器	
	IV. 在使用过程中，您发现这种牌子的热水器最大的缺点是： 1. 比较耗电(气) 2. 不太安全 3. 易出故障 4. 操作不便 5. 出水量小 6. 其他	四、如果以下条件不能同时满足您，您最先考虑选择哪一种？ 1. 省电(气) 2. 出水量大 3. 操作方便 4. 不易故障 5. 安全性好 6. 其他	

表3_1 "燃气热水器"市场调查制表

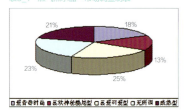

图3_5 问卷调查的结果图示（1）

图3_6 问卷调查的结果图示（2）

营销目的、投放媒体、竞争压力、品牌的市场定位等因素。

3.3.4 广告效果评估

广告设计的效果是分阶段来评估的。这种评估是根据广告的收视率、商品的销售量、顾客的反馈意见来综合评定的。在效果评估的初期，一般都是各项指标处于较低的水平，随着广告推广时间延长，各项指标应往好的方面发展。相反，如果指标一直没什么变化，那么就要适时调整广告的设计方案。

当产品或品牌处于上市期时，需要较多的广告投入；当产品或品牌处于成熟期和衰退期时，其广告费可适当减少一些。如美国宝洁公司的产品有很多品牌，其中"帮宝适"是一个成熟品牌（图3-3），其广告投入就可以相对少一些，"Solo"等品牌（图3-4）是新品牌，就需要大量的广告投入来推广，以提高品牌的知名度。在进行效果评估时，"Solo"广告费用就需要多一些。

3.3.5 分析调研结果

1）通过调查研究寻找目标市场。

2）通过调查研究找寻出目标消费者。公众消费调查的内容包括现有公众消费能力状况；潜在公众消费需求状况；消费者对企业产品质量、性能、技术、价格、包装的评价；消费者眼前与未来的消费时尚、消费心态等。

3）通过调查研究寻找竞争对手。竞争状况分析包括企业在市场中的不同角色及其市场营销策略；对竞争产品的分析。

4）通过调研找出间接竞争关系。对竞争产品的广告分析应包括以下内容：广告活动的概况，包括广告投放的时间、目的、投入经费和主要内容，广告的目标市场策略。

5）通过调研分析出竞争商品的机会和威胁。

6）通过调查研究找出流通环节存在的问题并提出解决问题的办法。

【市场调查范例】

A."燃气热水器"市场调查制表

经过调查了解，我们要把这些信息去粗取精，选取有价值的信息，制出调查表（表3-1），并以调查结果为依据，制定广告设计实施策略。

B.某小商店的调查分析报告书

调查对象：某小商店

调查地点：某小商店门口

调查时间：2008年4月20日

被访者：10名女学生，10名男学生，5名老师，5名路人

样本量：30份

摘要：

小店以经营各种服饰和女性饰品为主，服饰包括女式上衣和裙子，女性饰品包括头饰、腰饰、背饰、胸饰、耳饰、脚饰等，如戒指、耳环、项链、项圈、手链、脚链、发夹，还有漂亮的手机小挂件、遮阳镜等。小店经营宗旨追求精致、时尚、高品位，以高品质且实惠的价格优势吸引顾客。

问卷调查的结果：

据调查结果显示，小商店的大多数顾客是学生。在店面装潢方面，23.3%人喜爱青春时尚的店面；20%的人喜欢神秘酷炫型的店面；大多数老师希望店面更加高档显得更有品位。在饰品风格方面，有25%的人喜爱可爱型的饰品；另18%的人认为无所谓；13%的人认为成熟型的饰品更好，只有21%的人认为酷炫型的饰品好（比例如图3-5）。在饰品的样式和价格比方面，有50%的人认为饰品应该便宜且样式好看；25%的人认为好看就行价格无所谓；20%的人认为实用就行，只有7%的人认为质量好就行，样式无所谓（比例如图3-6）。在目前所售商品的定价方面，有43.3%的人认为公道；20%的人认为贵了；10%的人认为便宜。对于商品的颜色的看法，有86.7%的人认为好；有13.3%的人认为一般。对于颜色的要求，70%的人认为颜色

搭配得当就行；20%的人认为冷色系好；还有10%的人认为暖色系好。对于进店的第一感觉，有53.4%的人认为很好，有很酷炫之感；有23.3%的人认为店面位置较偏僻。对于店铺的吸引力方面，90%的人认为打折是优惠活动的最好方式；有56.7%的人认为装潢是吸引顾客的主要原因；而36.7%的人认为商品才是吸引人的方法。

特点：

1）装潢新颖时尚、个性有活力。

2）小店商品种类繁多，大多是年轻人喜爱的饰品。

3）小店还有很多特别的服务，如各式DIY服务供你挑选，还有美甲服务。

4）店员都是年轻人，朝气十足。

存在的问题：

店面地理位置过于偏僻，招牌不醒目，不易引起过路人的注意；店面偏小、商品多、摆放杂乱，使设计感减弱；男性饰品不多；卫生状况有待改善。

改进意见：

1）店面最好能改在街面或者招牌做醒目些，让人一眼就能看见，也可以做适当的宣传，搞些优惠活动，如打折、会员制、买一赠一等。

2）店内商品合理摆放，科学利用空间，给人整洁舒适的感觉，以便客人一目了然。

3）适量增加一些男生的饰品，如皮带、衣物等。

4）店员应该定期整理商品、打扫卫生，保持店内情况良好，给人以舒适的感觉。

3.4 广告设计定位

20世纪70年代早期，艾尔·莱斯（Al Rise）和杰克·特劳特（Jack Trout）提出了"设计定位法"，经过不断发展，它成为今天制定广告策略的最基本方法之一。

要想进行广告设计"定位"，首先要将产品定位，使设计更符合产品在市场和消费者心目中的位置，以区别于其

他竞争者。为了达到广告的目的，定位可采取多种手段。

设计定位非常重要，这个阶段的工作重点是根据所收集的有关广告的信息反馈和效果进行调查分析，最后确定广告设计的最后效果。根据广告客户的基本情况不同，定位的各项信息也会不同，现代化社会的高速发展，广告所反映的企业信息和商品信息不断增加，这就要求广告设计人员以市场调查为依据，把握消费者心理，以卓越的创意、鲜明的形象、生动的语言来塑造商品或企业形象。

如海飞丝洗发水先是以"柔顺"作为关注点，但销售效果不理想。企业经市场调查后发现"柔顺"并非消费者首要关注的问题，而"头皮屑"才是他们的关注点。后来，企业改变了主题诉求，将"去头屑"作为广告设计的主题（图3-7），销量上升。这说明设计定位的实质在于寻找一个新的立意点，而不是去一味地跟从别人。设计定位还要从人文的角度出发，让产品与消费者产生某种联系，从消费者的需求出发进行广告设计。

3.4.1 设计定位的作用

设计定位是广告诉求的基础。人们对于产品的认识，是先在自己心目中将需求排一个顺序，把不同的商品与自己的需求进行匹配，符合度越高的商品，越容易受到消费者的青睐。任何一个企业都要尽量满足消费者的需求，为自己的产品设定可满足消费者多个需求的设计定位。同时，还要把商品的生命周期结合起来，把设计定位的销售政策结合起来，针对细分的目标、运用不同的媒介组合，做不同的广告设计方案。设计定位有利于提高商品的知名度，增强消费者对企业和商品的信任度，总的说来定位就是要突出商品的价值、品质、功效、服务等方面的特点。SONY这张广告，品牌定位在机械化的设备性能上，画面采用机器手来强调"未来力量"这个主标题的思想定位（图3-8）。

3.4.2 为品牌定位

产品的品牌，从消费者的角度说是形成购买行为的重要条件。品牌定位的形成是品牌的状况、品牌的名称等因素综合作用的结果。在为品牌定位的广告宣传中会有生产某种产品的品牌名称和与这种产品的名称相同的企业，这就是双重品牌定位。如海飞丝公司、高露洁公司——这些企业做广告一方面宣传了商品，一方面又宣传了公司，可谓一举两得。品牌定位的方法有很多，这里主要从以下两点进行说明。

(1) 品牌色彩

色彩是视觉的最初感受，一个品牌必须有自己独特的色彩。这种色彩要体现在现在企业的广告中以及商品的包装上，使消费者从产品外观的色彩上感受到品牌的特点。

色彩可以改变人的心理感受，如令人愉悦的纯净色能够带动儿童商品的销售；深沉典雅的色彩是成年人的挚爱，这是在现代消费中出现的一种新趋势。品牌的色彩作为一个相当强烈而迅速诉诸感觉的因素，方便消费者定位产品。

例如夏新DVD的广告色彩定位的特点：采用蓝色使人在视觉上感受到工业气息，能使人增强识别品牌和记忆品牌的作用，使商品具有区别性（图3-9）。品牌色彩能明显地刺激和影响人的情绪，激起消费者的欲望，而且它还能传达意念，表达一定的确切含义。

(2) 品牌主题

广告设计要给每个品牌产品设计一个宣传的主题，这也是广告设计的主要出发点和创意点。品牌主题同其他宣传形式一样，就是广告的主要内容，就是企业要向消费者重点宣传商品哪

图3_7 海飞丝洗发水广告

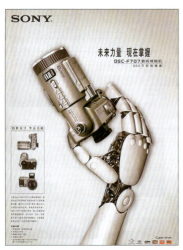

图3_8 SONY广告

图3_9 夏新DVD广告

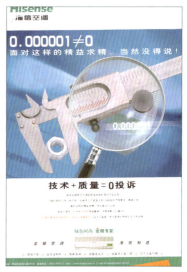

图3_10 海信空调广告

图3_11 丰田汽车广告

方面的信息，提出什么口号。

3.4.3 设计定位的基本主张

1）设计定位的主题应该集中在一个目标上，要在设计的新领域上下工夫，在消费者心中留下一个深刻的印象。广告定位的重点是"量体裁衣"，具体问题具体分析。

2）设计定位在消费者心中形成难以忘怀的、不易混淆的优势竞争效果。例如人们提到净味墙面漆技术就很容易想到多乐士油漆公司；人们谈起复印公司，就会想到施乐公司；人们谈到大型计算机时，毫无疑问会想到IBM公司；人们谈到飞机，立即想到波音公司。这些公司都在经营领域内为自己确立了不可动摇的市场地位，成为人们消费的首选。

3）设计定位还要表现出品牌之间的差别。比如"海信空调"的广告（图3-10），将设计定位在表现产品的质量上，让消费者在心理上产生信赖感。

3.5 广告的语言

广告设计大多是由图片及文案两部分组成，图片和文案完美结合才能明确广告目的。每个广告设计作品都必须含有一个主题，主题以"产品特性""目标消费群"及"卖点"作支撑。整个设计统一成一个中心，环环相扣，由浅入深或由深化浅，循序渐进，有规律、有节奏、有重点地表现设计对象。

（1）广告正文的含义

在广告文案中除主标题、副标题以外的文字就是广告正文了，即说明文，也称文案。它主要指介绍广告产品性能的各类说明文、产品生产厂家名称、地址、销售单位名称地址等信息。

广告正文在设计时对于设计美观上要求并不高，但是整齐的编排是必须的，正文要简明精炼，富有提示性，力求用尽量少的词汇传递尽可能多的信息。

（2）广告正文的写作要求

1）重点突出。广告正文要表达重点，定位准确。在企业广告中，正文重点常常是企业的优势或业绩；在品牌形象广告中，正文重点集中于品牌特性；在产品广告中，正文重点集中于产品或服务的特性和对消费者的利益承诺；在促销广告中，正文重点是更具体的优惠、赠品等信息。

2）用标题序列写广告正文。说明文字在开头部分，概括介绍商品的背景、所处的水平，对标题加以说明；中段部分，重点介绍商品的特殊性能，对标题加以论证；结尾部分，刺激消费者的购买欲望，指导购买。

3.5.1 广告文案作用

广告文案从广义上讲包括广告作品的全部；从狭义上讲仅指广告作品中的文字部分。广告文案的作用有以下几个方面。

（1）引起注意

引起注意手法是最容易突出主题的方法，在常见的广告中，一般有三种类型，其一是"突出表现人们关心的话题"，抓住人物的心理；其二是把商品的创新细节充分放大，经过艺术加工，在视觉上达到逼真的艺术效果；其三是"反问设疑"，用特定的反问设疑烘托出特定的商品，把主题表现得淋漓尽致。

例如不同品牌的汽车广告的文案：大众甲壳虫汽车，"想想还是小的好"；日产汽车，"古有千里马，今有日产车"；宝马汽车，"驾驶乐趣，创新无限"；丰田汽车，"车到山前必有路，有路必有丰田车"；上海别克，"当代精神，当代车"等。在这些汽车广告里，哪个更胜一筹呢？丰田汽车的"车到山前必有路，有路必有丰田车"借用古诗词句，使人印象深刻（图3-1）。

（2）刺激需求

广告语要符合消费者心理，才能刺激需求。例如通信行业里的广告语：摩托罗拉，"飞越无限"；中国联通，"情系中国结，联通四海心"；商务通，"科技让你更轻松"；诺基亚，"科技以人为本"等。这些广告语中，中国联通的"中国结"，不但涉及了中国传统，而且又是联通的标志，可谓一举两得。而商务通的一句"轻松"会打动许多年轻人，刺激他们消费。

（3）维持印象

反复强调，重复表达商品的特点，在广告语中至少重复两次。第一次重复是在广告语表现过程中的第一印象，所以一定要好记；二次重复则是商品形象的节奏表现。反复强调重复出现广告语主要从不同角度加以表现，既能取长补短，又能体现大小或强弱等对比，使画面更加活泼，妙趣横生。最好的例子就是"恒源祥，羊羊羊"，通过重复广告语的方法使人记得。除此之外，其他行业的广告语中也有新飞空调，"新飞空调和新飞冰箱一样好"，也是广告语案例中非常好的代表（图3-12）。

（4）促成交易

好的广告语可以促成交易。例如服装行业的广告语：金利来，"男人的世界"；李维斯牛仔，"不同的酷，相同的裤"；耐克，"just do it"；李宁，"把精彩留给自己"。还有家电行业的广告语：海尔，"海尔，中国造"；长虹，"以产业报国、以民族昌盛为己任"；飞利浦，"让我们做得更好"。

3.5.2 广告文的结构

广告文是由标题、正文、标志等元素构成的。广告标题可以是主打广告语，正文是广告的说明文字，标志是企业和产品的标识。如何让广告标题更醒目突出，并且和说明文字配合恰当是广告文成功的关键。

奥美在马来西亚为"Lee"牛仔裤做的招贴广告，主题新颖，体现了水磨与众不同——画面：牛仔裤与人融合；文案：过去的已经过去，未来的还未到来。何必想太多？把握每一个现在，即兴尽兴，释放自己（图3-13）。主题文字既为广告画面服务，又引导人理解和思考。

主标题（包括商品名称）和副标题（有时也代替标题）的形式有以下几种。

（1）引题、主标题、副题

这种标题形式是由三个单句构成，三个句子之间承上启下，由引导词引出正标题。

（2）主标题、副题

这是比较简约的标题形式，主标题设有玄机，而副题则是内容的实质。副题与主标题不尽相同，副题必须是完整的句子或对句形式，顺口且便于记忆。主标题则不同，可以是完整一句，也可以是一两个字。

（3）引题、主标题

引题为主标题的广告信息的表现作铺垫。例如这幅"朗洁"的广告，画面的主题语是孩子说的"怎么办？"，

副标题是猫说的"快去找朗洁"，画面左边的就是说明文字（图3-14）。

（4）标题与说明文字的主次

广告标题就像乐章里的主旋律，诗歌中的诗眼，绘画、摄影中美的焦点那样使人们更深刻地记住作品本身。

（5）主、副标题的主次

这两个标题常让人无法分辨哪个是主要的。副标题可以安排在画面中的次要位置，而主标题则必须安排在首要的醒目位置，且色彩与背景对比

鲜明。副标题不能与主标题相争，要主次分明，主标题的主要任务就是宣传鼓动、吸引读者注意，加强商品印象。

主标题是反映广告内容的最直接窗口，应该引人注目，点题要精确，语言要到位。主标题用语力求新颖，且应该是独创的，忌在字形、字号上变化太大。主标题词意一定要与内容保持一致，又要考虑有地方特色、民俗特色和时尚感。

图3_12 新飞空调广告

图3_13 Lee牛仔裤广告

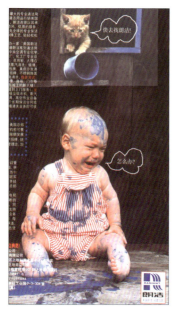

图3_14 "朗洁"广告

图3_15 中国劲酒广告

图3_16 薇姿广告

图3_17 孔府家酒广告

3.5.3 广告语的形式

(1) 教育式

广告语还可以有教育意义。如一些酒的广告：人头马 XO，"人头马一开，好事自然来"；鹿牌威士忌，"自在，则无所不在"；张裕，"传奇品质，百年张裕"。这些广告语都不如中国劲酒，"酒好，可不要贪杯哟"有教育意义（图3-15）。

(2) 情节式

情节式广告文要以情动人，情节的安排要有浓郁的生活气息，把生活中的戏剧性细节和场面与商品联系起来，从而引起消费者的兴趣，并产生一定的说眼力。广告的诉求点要把握在家庭的温馨、亲人的关怀、朋友的友情以及人物在获得商品后达到的情感满足上，把广告宣传融于生活的美好片断之中。

(3) 提示式

这种广告文在化妆品和女性用品中应用是最多的。例如舒肤佳，"促进健康为全家"；沙宣洗发水，"我的光彩来自你的风采"；三源美乳霜，"做女人挺好"。这种广告语的特点是使你联想到某物或某含义。

(4) 赞扬式

这种方式一般从商品的性能入手，可以用比较的手法去塑造商品的特定形象。这样使消费者对新产品的新功能、新形象赞扬产生鲜明的印象，促使他们根据自己的需要在众多的商品中选择。此外，还可以用前后对比的方式赞扬，从商品的悠久历史去赞美，也可以采用由名人代言赞美的方式，但最有效的方式就是直接赞美，如雀巢咖啡"味道好极了！"

(5) 号召式

号召的广告语，有普通的喊口号"来吧来吧来吧""还不快喝？""gogo加油!!"等口语式的标语，这种广告语在媒体中都是用强有力的口气说出来，而主角选用大众熟知或喜爱的社会名流、影视明星、体育明星等做模特。如这幅薇姿的广告，广告语是比较含蓄地表达号召之意："薇姿，健康肌肤的源泉"（图3-16）。

(6) 情感式

情感式标语是以人的情感诉求为突破口。有哪些是唤起人的情感的呢？例如孔府家酒："孔府家酒，叫人想家"这句经典的广告语，听了就让人涌起思乡情（图3-17）；555香烟，

"超凡脱俗，醇和满足"；还有德芙巧克力："发现新德芙，此刻尽丝滑"（图3-18）。

(7) 综合式

在第六届"全国广告作品展"获平面铜奖作品"美标"洁具的广告设计中，画面上是一个侧面角度的红色"美标"抽水马桶，一看就十分细致高档。而更有趣的是招贴所配的两句标题文案——"不可随处小便，小处不可随便。"其主标题醒目而且充满了机智、幽默，却又说得合乎情理。这种轻快俏皮的语言，轻松活泼的氛围，很容易让消费者对产品产生好感（图3-19）。

图3_18 德芙巧克力广告

图3_19 "美标"洁具广告

教学案例1

NIKE运动鞋的广告文案

(1) NIKE企业背景

NIKE公司成立于1960年,从1980年开始大力经营运动鞋。NIKE追求的个性化的口号是"体育、表演、洒脱自由的运动员精神"。从最初给明星运动员订做跑鞋开始,广告设计就保持一个主题:每个人必须永不停息地拼命提高他或她的成绩,径赛运动员的信条是"没有终点"。图3-20是NIKE产品的标志。

NIKE公司认为产品的主要消费人群是青年,因此广告语言设计也主要是针对青年,激励人心、鼓舞斗志、利用明星效应去刺激消费人群。

(2) NIKE文案点评

案例1 (图3-21)

"用运动踏出属于自己的路,挑战无限可能,成为冠军;用运动去得到你的梦想,如饥似渴,永不停歇;用运动创造不朽传奇,赢得敬仰,百战封神"。

文案分析:

在这副广告设计中,广告语用激励的话语突出"用运动""成为冠军""赢得敬仰""百战封神"等字眼,这些都是青年给自己树立的目标,广告使人相信要达到目标,可以通过"NIKE运动鞋"实现。

此文案一个品牌名"NIKE"也没提,也没有直接提广告产品"运动鞋",而是把品牌的精神表达出来。在视觉中利用不同字号的字来表达重点,即使不读小字,大字也是通顺的。

广告画面也出现了篮球明星形象,目的是借助明星效应,刺激消费。

案例2 (图3-22)

"JUST DO IT"

这是NIKE企业的首选口号,甚至成为NIKE企业的代言词,是广告中的经典,朗朗上口、简单易记。

文案分析:

JUST DO IT从字译上说就是"去做吧";从消费者的角度可以理解为"我只选择它,就用这个";从商品使用的角度来说就变成了"来试试吧"。

但这句话不仅仅是这些含义,在日常的生活中还有更丰富的含义,还可以理解为一种精神:"想做就做,""坚持不懈"等。

这句广告语突出年轻人的自我意识,并且强调了运动本身。

图3_20 NIKE产品标志

图3_21 NIKE运动鞋广告

图3_22 "JUST DO IT"广告语

课后练习

课题要求

尝试分析"六神花露水"产品背景和产品特点,设计一则朗朗上口的广告文案,结合广告图片(图3-23),添加上广告语。

企业背景

"六神"品牌是上海家化旗下的品牌,它为大众消费者提供全家共享的夏季清洁、护理产品,帮助他们畅享夏日,体验清新。"六神"珍视传统,求真务实,崇尚和谐,追求创新,与大众消费者共享欢乐。

产品特点

1)含有从天然植物精华中萃炼的"六神原液",引进世界一流香水制造工艺。

2)结合近百年花露水生产技术,可祛痱止痒、清凉舒爽、提神醒脑、祛除异味,是居家、旅行、必备品。

3)祛痱:涂擦本品后立即有显著效果。

4)预防:浴水中加入适量本品,即可预防痱子。经常使用可预防各种夏季皮炎,清凉舒爽,增进皮肤健康。

5)止痒:对蚊叮虫咬引起的奇痒和肿痛即擦即用。

6)醒脑:头晕疲劳时涂于太阳穴,即感精神振奋。

图3_23 六神花露水广告图像素材

CHAPTER 4

广告画面设计

■ 课题概述
介绍广告的基本要素——点、线、面，以及广告的构图方法等。

■ 教学目标
了解广告设计构成画面的基本元素，明白怎么设计以及设计的基本要求；分析广告设计构图的特点、含义。

■ 章节重点
了解广告的基本元素和独特的构图方式。

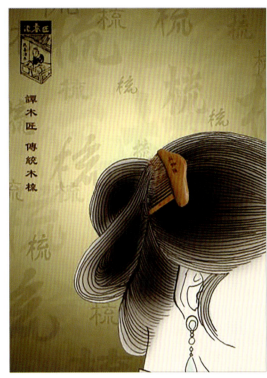

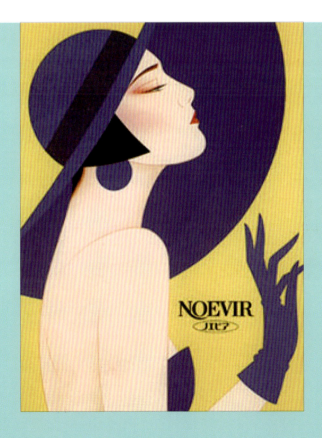

4.1 寻找点、线、面

广告画面是视觉形象化的设计，是将广告创意予以形象化的表现，它可以由任何视觉语言和广告要素构成。但是从根本上我们可以把图形都归结到点、线、面的组成，因为点、线、面是一切形体造型的基本要素。

4.1.1 点、线、面的构成

这三个基本元素是研究设计的基础，但也是抽象化的基本元素，处理好这三个元素，让它们发生变化，会出现有趣的画面效果。普通的平面课程，其实就是研究这三者的课程。点、线、面是广告创意进行视觉化设计时必须首先考虑的因素，这三个元素的运用方法决定着广告创意最终能否得到完美的体现。

4.1.2 点、线、面的作用

(1)点的作用

在设计中点的作用不容忽视。点可以用来平衡画面，当画面左右不平衡时，在画面里稍加一个小小的"点"，人的视觉感受就会很舒服。点还可以丰富画面的层次（图4-1）。

(2)巧妙用线

线在广告画面里是造型的重要元素，做设计时先有线。线除了直曲、粗细变化外，线的"虚实"也是十分重要的，有时用色彩区分虚实，有时用线的粗细区分虚实，变化手法很多。其次线还作为广告画面辅助作用的底纹、边框或其他装饰等。

在绘制广告草图时，用来表达设计师思想的也是线条。在设计时，设计师有想法后，要尽可能地把它们都勾画出来，将这些线条塑造的图形摆在一起仔细琢磨、反复比较，线条会有助于构思逐渐趋于成熟。

(3)面的变化

面是画面力量的体现，面有重复、重叠、相交等变化手法。在设计中可以采用对具象图形加以面化的处理手法，即以抽象的面构成具体形象。

在实现广告创意的时候，这三个元素的应用决定了画面的最终效果。如广告标题和标语可以看作是画面中的线；广告正文是一块靠后的面，插图是靠前的面等，点是画面的点缀，可以出现在画面中的任何位置，均衡画面。

4.2 广告画面构成要素

所谓画面构成要素是指组成画面的元素，一般以图形为主导，色彩、文字相互配合，除此以外还有商品名、商标、文案等元素。这些元素统称为构成要素。

4.2.1 图形

图形设计是广告中主要体现创意的部分，也是最重要的部分，可以说图形的好坏直接影响着广告的整体视觉效果，影响所宣传商品的知名度。图形的职能及类别有以下几个方面。

1）正确传达广告的思想。最佳的广告图形应该是简洁明确的，便于读者抓住重点。例如2006年中国北京国际设计博览会的海报的画面（图4-2）。

2）吸引消费者注意力。好的图形非常能吸引读者的注意力，就好像图像和他们在侃侃而谈一样。

3）传递真实信息。广告图形的构思一定要与宣传内容相一致，应使其内容或与所宣传的产品有关，或者与产品的故事有关。通过图形表现最终使广告令人信服。

4）广告图形的类别。广告图形一般可分为写实性与象征性两种，具体讲还可以从内容主题来区分，这里主要是从产品角度来做分类。

要想让图形有创意，应侧重考虑以下两点。

（1）图形要有个性特征

要力求表现独特的可靠象征，要有清晰、夺目、易于辨认的艺术形象，一定要有别于同类商品，要强调即时达意的艺术形象，尽量表达其内在。

（2）以小见大，以少胜多

图案像信号一样鲜明、强烈，使人一目了然。这是因为形象比其他艺术样式更集中、更强烈、更有代表性，这个代表性突出地表现在形象化的艺术概括上。

4.2.2 其他画面构成要素

(1)文字

这里的文字不全是，或者基本不是本书前面所提到的"广告语言"。这里的文字是图形创意的一个元素，也就是说，把文字看成图形进行设计。

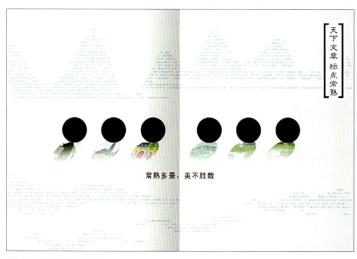

图4_1 页面编排中的点元素

文字就是符号，这个概念之前已经介绍过了。在设计时，文字可以打破陈规，任意组合和创造文字，赋予文字新的含义，给人以美的享受。

（2）色彩

处理不好色彩，整个广告设计就会很糟。因为人们常用"好看"和"不好看"来评价设计是否成功，这里的"好看"除了指形态的美，更主要的是色彩美。

色彩与消费者的生理和心理反应密切相关，它可以改变人的心理。色彩具有情感经验，在不同的情绪下，人会自然而然地联想到与情感对应的单色或色彩组合。色彩不仅能起到美化和装饰作用，而且传达着广告设计内容直接或间接的信息，是广告设计的重要要素。

色彩搭配是学习色彩的难点，很多设计者都无法掌握适合的色彩搭配方法。因为颜色也是有个性的，不同的颜色可以改变人对空间大小的认识。

不同社会背景、年龄、心理、场合的人们会依赖长期形成的色彩经验，如果在做广告设计时选用了不常见的色彩，就会吸引一部分人的注意力。

4.3 理解构图

平面广告构图是安排画面的基础。下面我们来了解下常用构图形式的相关知识。

4.3.1 构图的主要原则

构图是组成画面元素的重要因素，也是一种造型概念，指形象与文案之间的主次关系、黑白关系、色彩关系等均应做到妥善安排。做到内容安排条理化、逻辑关系合理化、宣传说明哲理化、服务对象理解化。构图的美是指画面分配元素的合理性，它将不同元素重新组合成一个新的单元，并赋予视觉化的审美主体。设计构图应遵循以下原则。

（1）画面的均衡感

美的构图能刺激人的视觉感官，给人和谐的审美感受。在进行广告设计时，要打破传统的对称式构图手法，主张以新的形式来表现，培养聚与散的形象思维能力（图4-3）。

（2）注意构图的空间关系

广告构图要以引导消费者的视线、强调规范与理性、提高自身价值为主要目的，应具备新颖性、合理性和统一性，应尽可能保持画面的完整，提高美感。

4.3.2 霸道型构图

也叫主题型构图，这种构图是最常见的、最稳妥的构图形式。主题型构图主要表现产品，或者出现产品主标题，是墨守成规的构图，具有安定感，讲究秩序。例如日本鹤田一郎的设计，画面表现了一位女性的优雅动态，用手的姿势引导消费者的视线到主标题上去（图4-4）。

4.3.3 斜置型构图

这种构图全部或主要部分斜向右下角或左下角，自下而上有一种压力。斜置构图倾斜的角度能带给人动感，视线自倾斜角度由上而下被引导流动，多种元素集中于一点，具有多样而统一的视觉效果。斜置型的广告利用图片或文案将画面斜分为二，再在上、下两角（或上、下两部分）放上文案，最终画面达成平衡。例如蔡仕伟的设计"纪念波兰作家"的海报（图4-5）。

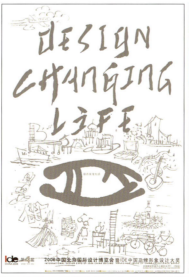

图4_2 "2006年中国北京国际设计博览会暨中国品牌形象设计大赛"海报

4.3.4 不集中型构图

不集中即散，散点构图从形式上看似乎没有主题和中心，但其设计内涵是十分深刻的。在表现手法上，画面的四周铺满图形，视觉焦点较分散，但散而不乱，力求完整统一。广告画面以不拘形式的聚散为主导，活泼有动感是它的特色（图4-6）。

4.3.5 严肃型构图

严肃型也叫直立型或纵分割型，文字和图形多采用竖排构图形式。这种构图形式来自中国画的传统式构图，画面中的事物形象笔直，形成严肃、庄重、静寂的感觉（图4-7）。

4.3.6 伴侣型构图

又称对称式构图，是最严谨的，即画面左右或者上下，又或者斜面全部都一致，将设计元素对称地分布在两边。这也是最常见的一种形式，但在现代广告中应用这种保守的构图一定要慎重，如果控制不好会显得愚笨。绝对布鲁克林伏特加广告（图4-8）即为这种构图的范例。

4.3.7 均衡型构图

这里的均衡不是指对称，而是一种感觉上的平衡。如果在广告的构图中，若图形和文字都排一纵线在一边，会有失平衡。均衡构图的缺点是平衡感稍差，但这恰恰是它吸引人的地方，而且它比较灵活，可以得到多种丰富的构图效果（图4-9）。

4.4 突破画面的约束

无论是方形还是圆形，画面始终是有边缘的，但人们的想象是无边的。挣脱画面篇幅的限制是设计师思想自由表达的渴望。想要实现这种突破可以通过"出血"来实现。

在广告设计中"出血"这个名词来自印刷业。把这个名词用在设计里，意思就是设计时把图案尺寸设计得比要求的印刷尺寸大一些。"出血"分为"半出血"和"全出血"。出血的意义在于通过突破，实现设计上的自由和意尤未尽，留给读者足够的想象空间。

4.4.1 半出血

在广告构图中"半出血"指图形不是全部出现在设计稿上，而是有将近一半的图形被放在画面以外。如图4-10所示，不看见另一半，读者也能够猜到是一个"典"字，这就是给观者留出想象空间。

4.4.2 全出血

全出血的特点是图形大部分不在画内，只有一部分有象征意义的内容给人以联想。全出血有时也十分像特写，但"全出血"和摄影中的特写镜头不同，摄影的画面是整幅构图，而全出血是只保留一部分。

保留的部分要能体现图形的特点，不能盲目省略。

如图4-11所示，"谭木匠的梳子"广告，画面有意识地把美丽的姑娘五官出血，只留下产品，那样就算看不见美丽的脸庞，观者也能够从细腻的发丝间，品出美的感受。

图4_3《责任·中国》公益广告

图4_4 鹤田一郎的设计

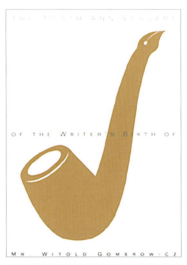

图4_5 台湾的设计师蔡仕伟"纪念波兰作家"海报

图4_6 "世界版块,营销网络"招贴

图4_7 营销锋会海报

图4_8 绝对布鲁克林伏特加广告

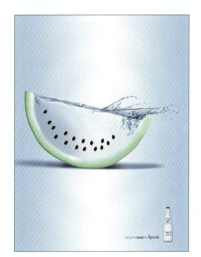

图4_9 矿泉水广告

图4_10 半出血的广告设计

图4_11 谭木匠梳子广告

教学案例2

"半出血"广告的设计方法

步骤一：找到一张素材图片，然后再进行加工。

如图4-12所示，我们找到一张"雀巢咖啡"的产品照片，画面直接展示了产品。

步骤二：把咖啡图片的一部分移到画外，通过裁减工具剪掉要"出血"的部分。这时的构图即"半出血"，把图像大部分留在了画面中，保持了大部分特征（图4-13）。

步骤三：这时图片需要添加一个和照片相近的背景色，通过调整使其和照片浑然一体。然后处理细节部分：文字、阴影、标志等元素（图4-14）。

步骤四：在咖啡杯中添加细节。至此，一张简单的"半出血"作品就完成了（图4-15）。

图4_12 步骤一

图4_13 步骤二

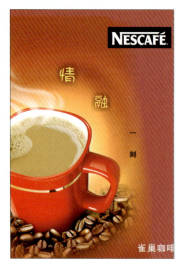

图4_14 步骤三

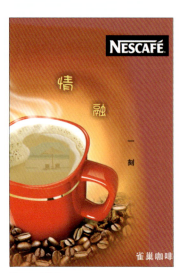

图4_15 步骤四

课后练习

设计主题

"为西雅图"香水设计两幅广告作品。

设计要求

要突出体现香水的迷人感受。

注意事项

寻找一种最合适的构图,并把构图的形式写下来。

参考作品

图4-16和图4-17是香水设计广告典范,可参考学习。

图4_16 espoir香水广告

图4_17 incanto香水广告

CHAPTER 5

广告画面中的视觉要素

课题概述

介绍广告的视觉要素——文字和色彩，重点讲解文字设计的主要方法，以及广告色彩的搭配和调和方法。

教学目标

了解广告设计视觉要素——文字和色彩，明白怎么设计文字以及设计色彩的基本要求。分析广告设计中文字和色彩的特点、含义。

章节重点

了解广告色彩的搭配和独特的文字设计方法。

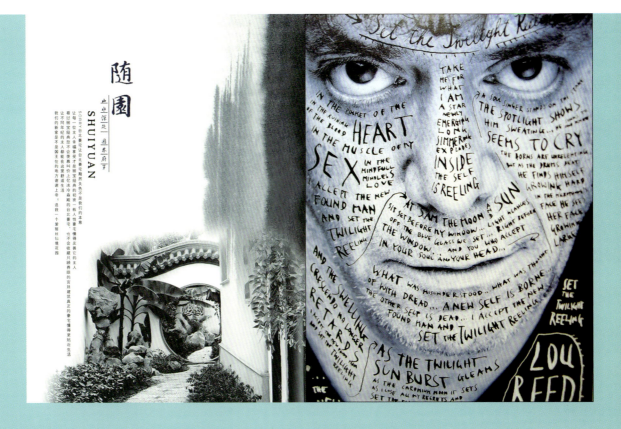

5.1 文字设计

文字是约定俗成的符号,它具有独特的视觉美学规律。在进行文字设计时,需要配合文字本身的含义和广告所要传达的目的,从文字的大小、笔画结构、排列方式、颜色等方面体现文字深层次的意味和内涵。在广告设计里,文字主要起说明的作用。

语言是传递思想感情的媒介,文字是记录语言的符号,前者以"音"的形式表达,后者以"形"的方式体现。"音""形""意"构成了字体的三要素。文字是语言符号,又是图式设计符号。学习文字设计首先要了解文字的基本概念,了解文字符号的形成与作用,了解中外文字的发展历史,掌握文字设计的基本原则和应用范围。这些理论和概念性的学习对更加深入地学习与理解文字设计是大有帮助的。

文字,在广告视觉设计里也充当着图案的角色(图5-1),有时候整张画面甚至只有一个字(图5-2)。文字的大、小、长、短、扁、阔、轻、重,都是文字设计时要考虑的问题。

文字与人类生活、生产、技术密切相关,并伴随着人类的文明进化而发展。作为一种特殊的视觉语言,文字的外在形式及内在表意方式也是动态发展的。

文字语言的发展经历了原始时期的萌芽——原始图腾符号,商品产生初期的雏形——商人印记,工业社会的形成——商标,现代信息社会——数码艺术文字等四个大的阶段。每个阶段的标识都体现出了各自时段特定的背景,反映了当时社会的文明程度、社会生活状态、经济生产、科学技术和审美趣向及人们的需求。

5.1.1 文字的编排方法

字体的设计与文字编排设计在平面广告设计中是互相影响的。
(1)广告中的文字设计方法
1)设计的文字感染人。广告设计中的文字应以它的艺术特色吸引和感染广大消费者,实现其信息传达的功能,如图5-2是以文字为主的广告设计,这种文字的感染力是十分令人震撼的。文字的主要功能是在视觉传达中向大众传达作者的意图和各种信息,要达到这一目的必须考虑文字的整体诉求效果,给人以清晰的视觉印象。因此,设计中的文字应避免繁杂零乱,使人易认、易懂,切忌为了设计而设计,文字设计的根本目的是为了更好、更有效地传达作者的意图,表达设计的主题和构想。

2)字体设计的结构分析。结构是指汉字笔划与笔划之间的搭配原则,是文字形体美的骨架。

美术字的结构是由点、线、面三种要素构架而成,我们可以按照分割原理去设计和书写。

汉字属于方块结构,不管文字笔画多少,它们占据的面积,在理论上是相同的。但汉字的构成极为复杂,笔画繁简不一,所以在书写时要依据文字本身的构成形态进行适当调整,达到视

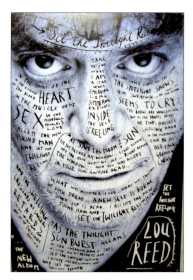

图5_1 国外以文字为主的广告

图5_2 以字为主汉字的广告

图5_3 步骤一 做背景

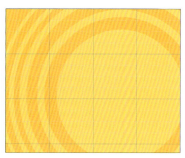

图5_4 步骤二 打格子

觉面积相近、整体完整的状态。

3）不可或缺的创造性。创造与众不同的独具特色的字体是设计的目标，给人以耳目一新的视觉感受有利于作者设计意图的表现，是设计的美。设计时，应从字的形态特征与组合上进行探求，不断修改，反复琢磨，这样才能设计出富有个性的字形，使其外部形态和设计格调都能唤起人们的审美愉悦感受。如何在众多的字体中独树一帜，这是设计师在进行字体设计时要考虑的问题。设计者在字体设计时要展现字体特有的风格，充分展示字体的独特个性和魅力。

（2）文字设计的方法和步骤

在广告设计中，文字必须经历构想、打格、布局、起稿、上色以及修正这七个步骤。文字的设计要服从于作品的风格特征，不能和整个作品的风格特征脱离，更不能相冲突，否则就会破坏文字的诉求效果。

1）构想。首先要领会文字的内涵以及它所表达的产品的性质特征，掌握其内在实质，然后才开始有依据的进行构想。做文字设计时，需要先设计背景（图5-3）。

2）打格。起草的第一步是根据文字在广告画面所占的空间位置，确定大小和倾斜度，用铅笔在纸上轻轻地打好格子（图5-4）。文字编排设计可说是文字造型设计的整体表现，因为文字编排设计在顾及版面视觉效果的同时还要考虑文字阅读的顺畅性等制约规则以及适应不同字体的阅读习惯。除了掌握文字的表象外，还要明白文字的内在含义。

3）布局。在画出的格子内根据文字的不同组合形态，如汉字的左右组合、上下组合等，画出各个部分应占有的比例（图5-5）。也就是在一定的版面内，把文字、图片或插图等设计元素进行适当的分割，使之易看、易懂，从而唤起受众的兴趣。但编排不只是将文字与图片作适当组合，还要在编排与构成中创造一个恰当的空间。汉字的间架结构特征：字体均匀，大小统一；结构严谨，比例得当；上紧下松，主次分明；有争有让，适当穿插。

4）起稿。在画出的格子内，根据布局时所画的比例线，用铅笔描出字的骨结构线，在此基础上描出字形轮廓线。不论是版面的尺寸，还是栏数、栏宽、栏距的规划，都要取决于版面的空间和距离。设计师要想设计出一个绝佳的版面，就必须具备一定的空间掌控能力。

5）上色。上色时先画出直线部分，某些部分则需要圆规辅助，画出规则的圆弧线。文字的规划如同建筑物的地基，如果地基没打稳，再华丽的外表也是枉然。

6）修正。把字体贴上墙上，从远距离进行观察分析，检查一下哪些地方需要修改和调整。文字的规划必须根据读者的阅读习惯、文字内容、国情以及制作物的特色来确定。

7）完稿。字体经过修正符合设计要求后，就可以将其应用于需要的名片、信笺以及其他广告媒体中了（图5-6）。

5.1.2 文字的设计原则

（1）可读性

可读性、识读性是文字设计构思的基本原则。

文字是人类相互沟通的重要媒介。在现代广告的设计领域里，文字扮演着视觉传达的重要角色，它由两个方面构成，即文案设计与字体设计。文字在平面广告中具有传播信息、说服对象、加深记忆等作用。

文字是传递信息、沟通思想的工具，我们设计文字是为了让观众能看懂。如果广告中的文字安排缺乏科学性，就会影响观众的阅读兴趣，从而也会降低广告的信息传达功能（图5-7）。

（2）字体语言的特征

字体作为视觉图形语言的标志符号，它与文字语言及绘画艺术相比有许多不同之处。首先它是一种应用性的艺术符号，同时文字是"微形方寸"的艺术而不是普通绘画艺术，因此，在设计时文字形的简练、单纯特别重要。其次，文字是传达艺术，因此其符号语言的识别、联想、象征要准确。

图5_5 步骤三 布局

图5_6 最后完稿

图5_7 文字缺乏可读性

(3) 主次分明

在广告设计中,广告的标题为整个广告提纲挈领,将广告中最重要的、最吸引人的信息进行富于创意性的表现,以提高受众对广告的注意力;它昭示广告中信息的类型和最佳利益点,吸引受众继续关注正文。人们在进行无目的的阅读和收看时,对标题的关注率相当高,特别是在报纸、杂志等选择性较强的媒介上。

5.1.3 汉字字体的分类

汉字区别于普通图形、符号的形状而自成一体。字体中的体是指字的形状,是字的表现形式。

从阅读习惯来看,汉字字体的分类可以分为手写体和印刷体两大类。

手写体通常是指硬笔书写出的形体样子,自由洒脱、流畅奔放,同时也包括毛笔书写的楷书、隶书、行草及篆书等(图5-8和图5-9)。

印刷体大致分为宋体、黑体和变体美术字(现在称为创意字体)等。印刷体给人一种严谨、规范、清晰易辨的感觉。其中,宋体又可以分为老宋体、新宋体、仿宋体等若干种。

从汉字发展的情况来看,古今汉字可以按照文字书写线条的不同,区分为古文字和现代汉字两大类。小篆以前的文字都是古文字,隶书、楷书等都是今文字。

(1) 篆书

篆书包括商周的甲骨文、金文、春秋战国文字和秦小篆等。

(2) 隶书

隶书出现于秦代,大量使用于汉代。隶书的出现是为了加快写的速度。隶书将篆书的笔画减少,将圆匀的线条截断,化圆为方,变弧线为直线,在转角处化圆转为方折,字的外廓也由长方形变为正方形和扁方形,后来又增加了具有装饰意味的"波势"和"挑脚",从而形成一种具有特殊风格的字体。

(3) 楷书

又称"正楷"。楷书是隶书的定型化,它把隶书的波势、挑法变得平稳,把隶书的慢弯变成了硬勾,把隶书的平直方正变成了长方形,成为直到现在都十分通行的字体。

(4) 草书

草书是为了适应快速书写的要求而出现的。草书在书法艺术上有很重要的地位,因为这种字体一般难以辨认,实用性差,所以在设计上多将它作为装饰图形来应用。

(5) 行书

行书兴起于东汉时期,是介于草书和楷书之间的一种字体,它的书写速度很快,并且行书比楷书要容易辨认,有如行云流水一般的韵律美。

5.1.4 广告画面中文字的分类

上面是我国书法字体的分类,但在广告设计的版面里,文字分为文案和字形两部分。

(1) 文案

包括标题、正文、广告语等。

1) 标题:是有关广告的主题或商

图5_10 某房地产广告

图5_11 高炉家酒广告水墨文字效果,很有意境

图5_12 公益广告

图5_13 个性化的文字广告

图5_8 《水井坊》手写体主题广告

图5_9 《舍得》酒主笔书写的包装广告

品的特性等以简洁的文字醒目地加以提示。标题文字是主要语言信息，直接传达广告信息，是最具传播力度的主打文字，应简短有力，简洁明了，字体醒目，字号相对较大，笔画较粗。标题标明了广告的主旨，又是区分不同广告内容的标志（图5-10）。

2）正文：广告文案的主要内容，用于对具体的事物进行介绍，是整个版面的重点文字资讯，简单明了地介绍了商品的特征，又可称之为广告文章，它是标题的发挥，是对标题的详细解释。在一幅招贴广告作品中，各构成要素都很重要，但最终体现广告内容的东西常常就是正文，它能满足消费者的好奇心，促使消费者采取购买行动。

3）广告语：是文案的附属部分，表示商品性质及企业风格的完整短句。从结构上看，标语与标题十分相似，事实上，有不少标语都是从标题中演变而来的，充当消费者购买指南的角色，因此必须要易读易识。

（2）字形

1）背景文字。当文字置入背景中时在画面中可以变为一种背景图案。例如，当画面出现传统图案时，背景用书法字来衬托，就会有"历史悠久"的视觉效果，同时背景对文字的表达效果起着一定的制约作用（图5-11）。

2）作为基础创造新的字体字形。即使是同一种文字，由于处理手法不同，也会形成不同的风格。具有个性、独特的字体可以申请注册，并受到法律保护，这样可以防止其他人模仿（图5-12）。由于具有个性的字体是与商品内容、公司性质、企业特点紧密联系在一起的，因此方便消费者阅读，并有利于记忆。个性强的字体一般具有较强的视觉冲击力（图5-13）。

5.2 汉字设计时的"形意相通"方法

汉字和西方字母的不同之处在于，字母可以表示音，几个字母的组合就是发音，并不是从词组的意思上来造就每个字母的形状；汉字是象形字，例如 "川"的字形就像山间的河川、流淌的溪水。这就是说汉字的"形"与"意"是相通的。

5.2.1 汉字的"形"与"意"

在广告设计里，汉字的形就是字的图案，也可以把汉字认为是具体的形状等。汉字的显著特征是象形，文字学家就认为汉字起源于图画。汉字的造字方法分为六种，即所谓"六书"的象形、指事、形声、会意、转注和假借。

在广告设计中，我们要吸收象形文字的精华通过特殊的具有独特意味的"形"的方式传递信息，人们凭借对汉字"形"的理解转化为"意"，使之能够交流、沟通与传达信息的真正内涵。

从"意"的方向来说，汉字作为指意的文字符号，不是对实物的形作具体逼真的描绘，各种字体，更加走向符号化、规范化和简化。"意"是对造物对象完整性的把握，是造物与审美活动中产生的具体意识形式，亦是促成设计创造与观者的良性对话，实现有效的沟通与传达。

"形"即可见性，"意"即可展性。在设计中能"以形写意""以意达神"，汉字的意与形是体现在符号上的。汉字从图形造型上来说其实是抽象化、形式化、概括化和规范化的形状，是抽象地概括了不同自然物的形式结构和美，但它又不是完全的图形，它和绘画既同源，又有区别。在广告设计中，文字不仅仅是帮助读者传递广告信息的，而且我们也把文字作为设计的对象，基本采用文字、图形、色彩、影像或立体造型为符号。在广告中，汉字也因其独特的构成形式、古老的文化底蕴和丰富的美学价值而成为平面广告中的一种有着巨大生命力和感染力的设计元素。

在汉字设计过程中，往往可得到非常奇妙的视觉效果。奥运会公益广告中把"快"字作为画面的背景，用人的形象去诠释，广告中都会有一汉字设计典范，把"快"字和一个运动的人相联系，就是汉字"形"与"意"的有机结合，从而达到传神的目的（图5-14）。

5.2.2 汉字的虚实

在纯绘画里，"虚"与"实"是画家追求的意境，给观者以真实的空间感。在设计中，正因为是"平面"广告，就更要注意在"平面"里的"空间"感。恰恰在中国水墨书法中，这点可以实现。

如图5-15为一幅名为《大设计》的广告，它的英文标题是"Great Design"。设计者以一种丰富的想象力造出了一个大小十分夸张的"大"字，和细小纤细的"设计"两个字，首先就给人一种视觉冲击力。

此图中汉字的"虚"与"实"相互补充，构造出汉字形的兼容并蓄、此起彼伏、若隐若现的笔法，不再是人们简单地去辨认汉字的"现实"。"大"字的设计，笔画虚中有实、实中有虚。设计表现的是一种设计思想，设计师要有艺术上的大思想、大哲学的观念。

又如图5-16《平面设计在中国》招贴的海报。这幅作品在思路方面与上一幅相同，同样都是通过对文字的虚实处理来完成的。把"国"字巧妙地利用虚实来表现，与"中"字在层次上形成区别，那种自然相存、相依的平衡关系得到了很好的展现。不同的是该作品在底色的水墨处理上和前幅不同，灰色的灵光再现给人以水与墨交融的感觉。因为字的灰色颜色关系在视觉上形成先后顺序，使得作品在传达时具有丰富性，让观者在观看时沉浸在汉字的"形"与"意"的笔画与意境趣味中。文字在前显得清晰和鲜明，其他对象则模糊远去成了背景。

可见，在对文字进行虚实处理的过程中，对汉字结构以及含义组成的了解是必不可少的。设计者用写意的手法概括出文字的形体，给人以特有的文化味道，具有点、线、面的构成美感。文字不再是二维的、固态的，而变成了像水一样流动的、变幻的形态。具体的内容已经不再重要，重要的是作品让我们认识到文字超常规的一种存在状态，冲击着我们的视觉习惯。

再看香港设计师靳埭强先生的作品，主题是《互动》（图5-17）。在这幅作品中，经过变形的书法体"互"字，

图5_14 奥运公益广告

图5_15 "大"字的笔画虚中有实,实中有虚

像一只人们在进行互动时少不了的眼睛。同时"互"字交叉连接的笔画更像中国文化中象征无穷和相生相克的阴阳八卦,很好地引喻了互动的哲学辩证含义。因此,该作品很好地表现了主题并传达了互动的重要性和微妙性。在使用元素替换等设计手法的帮助下,把"互"的最后一个笔画进行重组,经过扩张的笔画不但丰富了画面及其他笔画的整体性,而且还加强了视觉流程,使得画面信息集中。

汉字的"虚"与"实"是相对而言的,实际上虚、实是"异位同体"的。所谓虚形,是指在标志设计中,由实形的设计形态与底图交叉无意间形成的形态。就虚实而言,在概念上它们本身是可以相互转换的,当你的视觉重点放在底图的时候,实形就成了虚形。

5.2.3 文字笔画的设计

汉字是由笔画组成的,是笔化的文字,因此,文字设计可以从笔画上入手,将汉字的某一笔画或细部笔画省略,从而达到以部分来感知整体的视觉效果。笔画减省就是汉字设计以"虚"表现"实"的视觉语言表现手法。基本笔画构成的汉字在空间位置上具有圆、方、宽、窄、高、矮、大、小的特征,组合方式上具有相离、相接、相交

等方式,如果再加上色彩的变化、光线的变换,更可突出汉字可装饰性的特点,这也是汉字设计较西方文字设计更具特色的一个方面。

汉字的笔画形状的丰富变化为设计者提供了发挥自己才智和技巧的舞台。在汉字的设计中,为了适应特定的环境、产品特征与定位等的需要,或追求特殊的表现趣味,表现个性特征与明朗的风格,设计师往往会做区别于电脑字库字体的特殊设计。

看这幅《孔子故乡东方圣城》(图5-18)的海报时,观者往往先看到的是"曲阜"二字,当我们把文字由整化零,只看灰色的部分后,这时我们看到的是"孔子"二字,顿感妙趣横生。心理学家强调经验和行为的完整性是由部分组成的,知觉会激起一股将文字"补充"或恢复到应有的"完整"状态的冲动力,使大脑有可能保持一种"连续"或"不变"的联想的能力。这种能力是依赖人们多次的认知经历建立起来的对物的完整认知与理解。这或者就是我们要达到的审美模式。正如这幅海报,"孔子"自然地就和"曲阜"密不可分了。

意的双关是指用一意双关表现标志的意念,也就是指具象化文字图形表意时,表面上是一个意思,而暗中隐

图5_16 《平面设计在中国》招贴广告

图5_17 《互动》广告

图5_18 《孔子故乡东方圣城》广告

藏着另一个意思，具有双关所指的意，这是一种富有哲理的创意形式。

再看另外一幅《公益广告》（图5-19），这张设计表面上看是"人要自强"的意思，如何自强呢？广告的主题思想：脱贫致富，人才能自强。这是一个社会基金的广告设计。在画面中，作者把"贫"字拆开来，隐喻着不懈努力、顽强拼搏之意。此处，只要保留汉字的关键部分，就能触发观者对该字的完整感觉，从而在头脑中将缺省的部分补齐。

共用笔画，也可以是由一个字拆成两个字，当它们结合是一种意思，分开又是一种意思（图5-20）。"共笔"主要是字与字联合，由笔画相同达到沟通和一体化的设计。这种设计不局限于笔画形状差异的同构，还可以将各类图形同文字嫁接，包括具象、抽象甚至

现代影像，通过移花接木，笔画与图像的结合让文字不再是抽象的线条，而有了"生命"的意味，给人以灵动的启示。值得注意的是，笔画的减省要抓住汉字的主要形态特征，而减去可有可无的繁冗枝节；不能超越辨认值，而依然要保持一定的识别性；以有秩序的美感呈现条理化的文字形象。

文学的"因形共用"设计并不局限于只共用偏旁部首，结构的相近或互补也可考虑笔画的共用。因形共用需要对文字结构进行深入审读，寻找规律和"突破口"，可适当调整笔画，谋求"联系"，以构造整体性文字图形（图5-21）。形声是现代汉字中最主要的造字方式，它利用声符、形符组合构成新的文字。将这些形符、部首重新组合，或相互借用，便又创造出许多形意相合的新字或联体字（图5-22）。

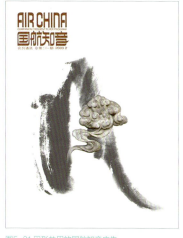

图5_21 因形共用的国航知音广告

图5_22 形声的公益广告

图5_19 公益广告

图5_20 共用笔划的汶川公益广告

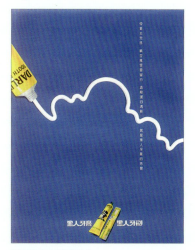

图5_23 黑人牙膏的广告

图5_24 暖色调的主题广告

图5_25 冷色调的主题广告

5.3 画面色彩设计

5.3.1 先定主色调

整个广告设计的画面有很多颜色，设计者往往不知道该如何配色。这时可以先从整体出发，确定色彩的主色调。

什么是色彩的主色调？就是画面整体色彩的综合倾向，这可以由设计者来安排，主色的选择必须与商品内容及商品属性产生联系，广告色彩的整体效果取决于广告主题的需要以及消费者对色彩的喜好。由于色彩是有"感情"的，在平面广告设计中巧妙地运用色彩的感情规律，能唤起人们的情感，引起人们的兴趣，并最终影响人们的消费行为。因此，重视色彩感情的研究与应用，是促成广告成功的有效途径。

例如这张《黑人牙膏》的广告（图5-23），画面主色调是冷色调，大面积的蓝色，使画面显得很稳定，黄色就像跳动的音符，打破了画面的平静之感。

5.3.2 画面色彩运用

第一，在设计中可以运用对人的心理产生作用的色彩，如用红色表现节日礼品、喜庆场面和营养品等（图5-24）；用蓝色和白色表现清洁用品、冷冻食品、医疗卫生用品等（图5-25）。

第二，在设计中运用色彩的情感联想及商品的形象色等手法，有利于商品性质的传达。但应注意不能把广告色彩设计简单化、公式化，使广告色彩在同类商品中失去了个性和视觉冲击力。广告色彩的表现要求新颖、独特、醒目，要利用色彩三要素之间的变化，组合出各种不同的、有个性的配色方案。

第三，进行广告设计时，我们还要熟悉设计软件里的色彩模式，。常见的色彩模式包括RGB和CMYK两种。根据广告媒体的不同，应选择不同的色彩模式。

例如要在CorelDRAW设计软件里制作Derel Lea的作品（图5-26），设计师要先学会自己调色。这幅画面用了丰富的绿色，层次丰富，其中人的脸部是借助照片进行设

图5_26 Derel Lea的作品

图5_27 以红色为主的可口可乐广告

计的，处理方法是用Photoshop软件进行反转、描线、极色化等处理。

5.3.3 色彩的商品性

色彩具有商品性，不同的商品对色彩有不同的需求，这主要是根据消费者对色彩的感觉而定的。色彩对人的影响反映在商品上包装上的案例很多，例如食品上常用的蓝色，一看就让人联想到冰或夏季食品；在食品包装上黑色用得也很多，常用在味道有点甜中带苦的食品上，例如巧克力；药品包装中用到红色的不多，因为红色会让人联想到血，但有时会将红色用在补药的广告和包装上，如可口可乐广告中的红色给人激情的感受（图5-27）。总的来看，商品的色彩应该具有一定的特色，应确立一种商品品牌的标志性色彩。

只有色彩独特，勇于创新，才能在众多的产品中脱颖而出，容易被消费者识别，在很大程度上为提高企业的知名度、促进产品的销量起到锦上添花的作用。

色彩是以"新"为前提的，随着人们消费需求的多样化，产品更新的速度会变得越来越快，商品只有紧跟时代的要求，才能让企业随着时代的发展而不断壮大，这就要求商品的色彩能紧跟时代要求，时常变化。而且，产品的色彩不能只效仿他人，同类产品不一定要运用同类色，要善于在立足于市场的基础上，打破常规，取得出其不意的效果。

色彩的搭配能唤起人们丰富的想象力，因此，每个企业都应该在商品的色彩、宣传广告的色彩、包装的色彩上投入足够的精力，使商品的色彩突出商品的特性、体现企业的个性，使色彩成为企业在商战中的强有力武器。

5.3.4 法国经典色彩搭配方案

下面让我们一起来学习几套法国经典色彩搭配方案。

法国第一经典的色彩搭配方案是以最浪漫的玫瑰红（也可以叫浅紫红）为主色调的，名为COOL。浪漫的玫瑰红是最引人注目的色彩之一，具有强烈的感染力，象征热情、喜庆、幸福，另一方面又象征时尚。玫瑰红刺激感强烈，在色彩配合中常起着主色和重要的调和对比作用，是使用得最多的颜色之一。这里，挑出了配合玫瑰红的色彩：粉蓝、粉黄、大红、紫等。这套配色命名为COOL（图5-28）。

排在第二的色彩搭配方案是命名为QUIET的蓝色系列（图5-29）。蓝色是天空的色彩，象征和平、安静、纯洁、理智，另一方面又有消极、冷淡、保守等意味。蓝色与红、黄等色彩搭配得当，能构成和谐的对比调和关系。优雅的蓝色，能带给人宁静，它的搭配色有浅蓝、灰紫、湖蓝、黄色、深灰红等，其中黄色是阳光的色彩，象征光明、希望、高贵、愉快。黄色的明度很高，与红色系搭配会产生辉煌华丽、热烈喜庆的效果，与蓝色系搭配可产生淡雅宁静、柔和清爽的效果。灰绿色是植物的色彩，象征着平静与安全。绿色和蓝色搭配显得柔和宁静，和黄色搭配显得明快、清新。

优雅而不艳丽的冷灰色系，是永远不褪色的流行色。这套色彩搭配方案命名为BREEZE（图5-30），寓意像微风一样轻、雅、闲散。灰色处理不好，会给人沉闷的感觉。这套色彩搭配方案里有：褐色、粉绿、粉黄、灰蓝、灰褐色、深褐色。灰褐色有高雅和魔力的感觉，搭配肤色显得华丽，与蓝色搭配显得华贵、低沉，与绿色搭配显得热情、成熟。

5.4 色彩调和法则

5.4.1 失去平衡的配色

这种调和是给消费者心理上造成一种震撼对比的两种色（或多种色彩）搭配第三种颜色（黑、白或灰等中性色彩），使之形成协调统一的视觉效果（图5-31）。

当明度、纯度相近的补色或其他对比色同时出现时，画面会显得对比过于强烈，这时可适当改变它们的明度、纯度或面积，使之达到调和的目的。例如，当高纯度的红色与绿色同时出现时，就可以在一种颜色中加入白色、黑色或其他颜色，并适当调整它们各自面积的大小，这样就能取得调和的视觉效果。

当两个颜色的对比过于强烈时，可加"过渡"性的颜色予以调和。这种"过渡"，通常有三种情况：色相的"过渡"、明度的"过渡"和饱和度的"过渡"。例如橙色就是红色与黄色之间的过渡色；中明度色是高明度色与低明度色之间的过渡色；在鲜色与浊色之间，也存在过渡性的中间色。

当两种或多种色相的颜色对比过于强烈时，可以用其他颜色把它们分隔开来，使它们不直接接触。这类用以分隔的颜色，通常是黑色、白色、灰色、金色和银色，其他颜色只要能达到分隔的目的，也可以作为分隔色使用。

5.4.2 巧用中性色

中性色常指黑、白和各种灰色，中性色可搭配任何颜色，当画面中的色彩显得很杂乱时，常利用中性色加以调和统一，多采用描边、衬底等手法。在形成对比的各个颜色中，各混入一色（黑或白）加以调和，使颜色具有和谐感。

中性色调给人一种很和谐的感觉，在大面积相同或类似的色调的情况下，小面积的对比色调能够突出画面的中心（图5-32）。

色彩面积分配不能平均，面积对比是指两个或更多色块的相对色域。色彩组合可以在任何大小的色域中，但我们要研究它们之间应该有怎样的量比才能达到视觉的平衡。实验证明，色彩的面积比与其自身的明度有关。常用的设计手法是用主色调来控制画面，按所需比例增减对立色的占有面积。

将对比的两色（或多色）同时混入第三种颜色，使双方都具有相同的因素，成为中间色系列，可使画面协调统一。同类调和是同类色相中的调和，即在一种单一色相中求得调和的效果。可以把单一的色相调入两个以上色彩差异大的色相群中以求得调和的画面效果。面积较大的颜色往往决定了画面的主题,且有强的个性和冲击力。

5.5 巧用民族特色

5.5.1 品味民族色

我国传统用色由黑、白、红、青、黄构成,可以说它们是中国传统用色中的"原色"。中国传统民族图案中的色彩大多鲜艳、厚重、热烈,如常用来并置搭配的红色和绿色以及黄色和紫色等补色。

红色是中国最具标志性的色彩,它象征着中华儿女的热血,我国的国旗、国徽、党旗、团旗等都大面积地使用红色。在当代世界设计里,看到红色自然就会想到中国。红色在中国人的审美观中蕴藏着非常丰富的内涵,如在举国欢庆之时,从电视节目到街道上节日的装扮都能看到红色,它是庄严、热烈、团结、喜庆和令人振奋的符号。在广告作品和产品包装中也可以看到很多以红色为主的应用,正如图5-33所示,中国名酒五粮液集团的广告,就以红色作为品名锦上添花的颜色。

图5_28 法国色COOL配色示意图

图5_29 法国色QUIET配色示意图

图5_30 法国色BREEZE配色示意图

图5_31 失去平衡的调和

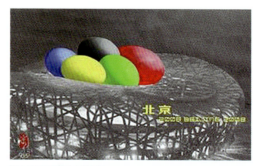

图5_32 2008北京奥运广告

黄色在中国自古就被赋予富贵、尊贵之意，例如中国古代封建社会中，帝王服装的典型颜色就是黄色。

5.5.2 民族特色使用方法

把传统的民间艺术和现代的设计形式美法则相结合，才能使中国艺术走向世界。传统的民族色彩具有标志性的象征意义。

（1）把传统的美赋予现代设计

在风格设计中，民族本身所固有的美，占据了设计艺术的全部灵魂，在这种来自继承的自然民族风中，去创造新的设计，是每个设计师的职责。没有民族灵魂的设计作品最终是无法屹立在国际设计大舞台上的，民族魂才是真谛，才是真正的国际化。

我国是一个多民族的国家，如果为某个少数民族的传统产品或土特产进行广告设计时，就应该突出该民族独有的审美习惯及文化艺术特色。当我们把这种民族文化传统和艺术特色的艺术形式放在广告设计中的时候，就是民族风的设计。将传统纹样应用于设计可以增加商品的价值含量，正所谓"越是民族的，越是世界的"。

（2）在现代广告设计中加入水墨效果

设计具有民族性，更具有社会性，它是人类活动的精神延续。设计在不同的时代具有不同特征与价值诉求。在纷繁复杂的设计风格和潮流中，设计者如何找到自己的港湾？我们不妨用平常心去体味人的本质和艺术的真谛。往往会在自然而然中找到灵感。这就是广告魂。

图5-34所示的房地产公司广告以水墨效果作为背景，带给消费者一种江南水乡文人墨客的清雅感受。

图5_33 五粮液广告

图5_34 某房地产广告

教学案例3

传统服饰文化展广告招贴

下面举例讲解三则传统服饰文化展中的广告招贴，这三幅招贴都是使用了民族色的优秀作品中十分经典的好作品。

图5-35展现的是中国民族服饰中的一种，画面以似像非像的现代表达手法，描绘了一位身着旗袍的女性形象，再以中国传统工艺美术纹样作为背景衬托，色彩上则采用红白搭配。

图5-36则用更抽象的手法去表达传统，艳丽的牡丹花寓意着传统的文化如花朵一样美艳芬芳（图5-36）。

借助布面纹样，图5-37采用剪纸的形式来表现中国传统服装（图5-37），色彩虽然只采用了红色，不如前两张艳丽，却更突出地表达了主题思想。

图5_36 传统服饰文化展广告2

图5_35 传统服饰文化展广告1

图5_37 传统服饰文化展广告3

课后练习

设计主题

设计一幅化妆品广告。

要求

突出体现该化妆品的特点。

注意

注意画面的构图和主题色彩。

参考作品

图5-38是巴黎欧莱雅化妆品的广告，主要体现美白隔离霜在炎炎夏日的防晒隔离功效。广告的背景采用了蓝色，给人以清新、凉爽的感受。

图5-39表现的是使用了欧莱雅的自然美白粉底霜这个产品后，女人的肌肤变得白里透红，像粉红色的桃花一样娇艳欲滴。广告画面的色彩选用暖色调来表现，符合产品的特性。

图5_38 欧莱雅化妆品广告1

图5_39 欧莱雅化妆品广告2

CHAPTER 6

广告创意表达

You'll never be su
The Electronic brake assist s

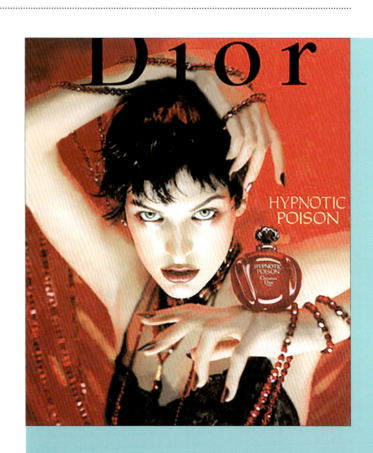

课题概述

介绍广告创意方法，理解抽象艺术创作手法，了解不同时期的创意风格。

教学目标

了解广告设计的创意方法，搞明白怎么去构想设计以及联想的基本要求。分析广告设计的创意案例，进而分析设计风格的特点和含义。

章节重点

了解广告创意的模式和独特的思维创意方式。

on road again.

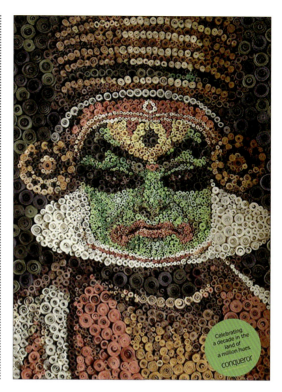

Celebrating a decade in the land of a million hues conqueror

THE NEW PAJERO FULL WITH AWC-R™.

IT'S MORE THAN TECHNOLOGY. IT'S INSTINCT.

AWC-R. Stability in terms of breaking, controlling and correcting the car's course, without help from the driver.

6.1 **如何激发灵感**

灵感也叫灵感思维，指文艺、科技活动中瞬间产生的富有创造性的突发思维状态。它以抽象思维和形象思维为基础，与其他心理活动紧密相关。它具有突发性且消失得很快，是创造性思维的结果，是新颖甚至是独特的。当灵感出现时，我们要善于抓住它，以便得到解决问题的最好办法。那么，如何激发灵感呢？它来自于我们对问题的积极思考，来自于对生活经验的积累。

6.1.1 创意的含义

所谓创意，即是创造新意——寻求新颖、独特的某种意念、主意或构想。创意中的"创"是核心，指创造性；创意之"意"包含了主意、意念及意趣、意境等多层含义。绝妙的策略性主意和独特的传达方式以及新颖的视觉形式的完美结合和统一，并在传播中共同发生效应才是创意的完整意义。创意是一种创造活动，其行为结果也必须是"独创的、新颖的"。

广告创意，就是运用独创的意念和构想来传播广告信息。但广告创意并不是一个单纯地寻求新奇视觉形式的过程，它是始终围绕传播广告信息这一主旨来展开创造性活动的，传播信息才是它的最终目的。

6.1.2 产生创意的方法

创意的手法虽然多种多样，但其基本方法是有规律可循的。我们必须首先关注主题、关注受众，再确定所需的表达方式，同时还应牢记创意的中心目标——面对受众，传达信息。

1）多看相关的书籍并学习借鉴大师的作品，开阔眼界，并从中受到启发。

2）多看优秀的案例，分析这些作品优秀在何处，思考一下，如果相同的题材，让你来设计，你会怎样创意。

3）收集相同题材的广告作品，对它们进行解构或重组，构成新的图形，传递新的含义，最终也极有可能做出一件好的广告作品。

6.1.3 培养创造性思维能力的基本方法

创造性思维是在一般思维的基础上发展起来的，要想具备创造性思维的能力需要长期的知识积累和实践。查理·卓别林（Charlie Chplin）为此说过一句耐人寻味的话："和拉提琴或弹钢琴相似，思考也是需要每天练习的。"因此，我们可以学习正确的方法，培养自己的创造性思维能力。培养创造性思维能力的方法很多，在现代广告设计中，常见的创造性思维形式有发散思维、联想思维、形象思维和灵感思维等。

（1）培养发散思维的方法

发散思维又叫辐射思维、放射思维、扩散思维或求异思维，是指人在思考过程中根据已有信息，从不同角度展开思考，从而获得更多的解题设想、方案和办法的思维过程。

发散思维是一种开放性思维，没有固定的模式和方向，是可以"标新立异""海阔天空"和"异想天开"的思维方式。发散思维有如天马行空一般，在思绪碰撞中随时都可以把一些本无逻辑联系的事物组合在一起，形成绝妙的关联而表达出强烈的意念（图6-1）。

美国著名心理学家吉尔福特（J. P.Guilford）首先提出发散思维的概念，他说："正是发散思维使我们看到了创新思维的最明显标志。"

我们可以这样设想：想象是人脑创新活动的源泉，联想使源泉汇合，发散思维为源泉水的流淌提供了广阔的通道。

发散思维从一个小小的点出发，冲破逻辑思维的惯性，让想象的翅膀

图6_2 王帅《无交易，无杀戮》公益广告

图6_1 麦当劳（McDonald's）《愤怒的墙——Let's keep the city nice. Use the trash can.（请使用垃圾桶）》公益广告

在广阔的天空自由地飞翔。

例如，在"反皮草"的主题下，通常逻辑思维的途径是：皮草动物——工具——杀戮——买卖——反思或警示。而发散思维可以想到：环境、动物、眼睛、流泪、思念、亲情、人、手、生、死、皮具、围巾、手套、皮包、毛靴、美女、衣服、工具、屠杀、展示、金钱、诚信、交易、包扎、文字等关键词。由于发散思维多角度和广泛的触角，把这些素材汇集组合后，设计师可能会事半功倍地从中获取绝好的创意。图6-2~图6-5是"反皮草"主体的广告设计作品。

(2) 培养联想思维的方法

联想是指由一个事物想到另一个事物，这两者之间有密切的相近关系或对比关系等必然的联系。

相近联想我们大家容易理解一些，平常运用得也比较多，例如我们大家可以由圆形想到很多跟圆形相关的事物：饼干、气球、苹果、橙子、西瓜、篮球、乒乓球、足球等。

对比联想是指由性质、特点相反的事物引发的联想，例如由黑色联想到白色。对比联想最大的特点就是逆向思维。

逆向思维是指从原有的思维方式的相反或相对的角度出发，也就是人们常说的"反其道而行之"。世界上的事物都有正反两个方面，但是长期的思维习惯往往使人们只看到其中的一面，使思维的过程和结果越来越程式化，缺乏新意。如果能够进行逆向思维，就可以获得意想不到的效果。例如大家比较熟悉的"司马光砸缸"的故事就是运用逆向思维的方法取得成功的案例。

再看由李奥贝纳维传凯普广告公司为蒙牛酸酸乳设计的广告作品——《狂劈腿》、《就花心》、《玩出格》。我们先来看这幅《狂劈腿》招贴（图6-6）。从画面看，主人公不是"脚踏两只船"，而是脚踏两半猕猴桃，再看文案："耳朵戴iPod陶醉艾薇儿，手上PSP分身太古达人，暂停了先跟死党狂喷MSN，顺便下载最新季《越狱》，跟Milley学纯正美语！生活多滋多味，就得狂劈腿！花菜鲜味、水果甜味、牛奶香味，错过哪个都是犯罪！"看完这段文案后，我们一下子明白，这里面结合了很多当下最时尚的信息，"劈腿"被引申为"好东西都不能错过"的意思，广告传达出"酸酸乳里的好营养当然更不能错过"的意思。

再看《就花心》篇（图6-7）的文案："郭爷的钢丝，SHE的粉丝，碧咸的小姨子，曲迷+麦霸+球通，不花心，

图6_3 陈晓闻《保护自己》公益广告

图6_4 罗周《没有交易就没有杀戮》公益广告

图6_5 季军 刘清山 张雅平《冤》公益广告

图6_6 蒙牛招贴广告《狂劈腿》

图6_7 蒙牛招贴广告《就花心》

图6_8 蒙牛招贴广告《玩出格》

哪来那么多精彩？蔬菜纤维、水果VC、牛奶都营养，这才是对自己的宠爱！"此时，我们明白了《就花心》要传达的是喜爱酸酸乳的各种口味。

还有《玩出格》篇（图6-8）的文案："法式杂酱面，水果汉堡包，通俗全改R&B，民歌也得摇滚，写字就是涂鸦，说话必须饶舌。要玩就要玩出新意，新滋味才有创意，就出格！蔬菜、水果、牛奶我来组合！"这里的《玩出格》实质是表现酸酸乳的营养成分搭配多样。

这样的广告标新立异且插画风格很招人喜欢，很有吸引力，画面主人公有点坏坏小孩的味道，蘑菇头、大眼睛、坏坏地笑，仿佛我们内心那个爱玩的小孩。

（3）培养形象思维的方法

形象思维是一种借助于具体的形象来展开的思维过程。人们很早就发现并认识到形象思维与艺术创作的形式有着密切的关联，从而形成了"视觉艺术思维是以形象思维作为基础的、

本质的思维方式"的观点。19世纪俄国文艺批评家维萨里昂·别林斯基在《艺术的观念》一书中说："艺术是对真理的直感的观察，或者说是寓于形象的思维。

在这一艺术定义的阐述中包含着全部艺术理论。在进行艺术创作活动时，设计师的脑海里常常会呈现出许多具体的形象，以具体的形象为基准，再经过思维的想象活动进行艺术加工、艺术创作和艺术的再现。

充满想象力的抽象画面能给人们具体的感受，或者单纯的色块能给人们形象的表达等情况都依赖于人的想象力，依赖于表达者和接受者之间的想象默契。图6-9是百事可乐的抽象图形广告，画面体现出热烈的气氛，设计师故意将画面处理成冷色调，是为了突出品牌标志，表明无论是什么样的心情，依然不减大家对百事可乐的热衷之意。

学习形象思维的方法有模仿法、想象法、组合法和移植法四种。

（4）培养灵感思维的方法

灵感思维是指凭直觉进行的快速顿悟性的思维。它不是一种简单逻辑或非逻辑的单向活动，而是逻辑性与非逻辑性相统一的理性思维整体过程。图6-10是雀巢咖啡的经典广告，画面中的人物、动物和植物都被咖啡的香味所吸引，表现出雀巢咖啡的香醇。

要很好地把握灵感思维，需要从以下几个方面来努力。

1）要有思考的动力。思考总是从问题开始的，没有问题当然就谈不上思考。例如牛顿从苹果落地的问题进行思考，并最终发现了万有引力定律。正是由于他对苹果落地的现象产生了强烈的好奇心，才促使他去解决了问题。因此，我们要对自己周围的事物多关心、留意，要善于发现问题，要对自己所做的事情保持强烈的好奇心和求知欲，这样才能找到更好的解决办法。

2）要具有相关的知识和经验。一

图6_9 百事可乐广告

图6_11 雪碧招贴广告

图6_10 雀巢咖啡广告

图6_12 德莱夫特洗衣粉广告

个人经验和知识越丰富,思考问题时产生灵感的可能性也越大。如果没有相关的知识经验,我们要善于去学习前辈的经验,因为知识和经验都是要慢慢积累的,无论是实际生活经验,还是书本的理论知识,我们都要积极地创造条件去学习,这样灵感出现的几率就会更高一些。一般来说,思考者所拥有的经验和知识的丰富程度与获得灵感的可能性、内容和水平是相符合的。思考者头脑中经验及知识结构与所产生的灵感的内容是密切联系的。例如,只熟悉理科方面的知识,对艺术毫无兴趣的人是很难迸发出"艺术灵感"的。

3)要有不达目的誓不罢休的决心。我们在寻求灵感的过程中会遇到很多困难和挫折,如果意志不坚定的话,很有可能会中途放弃,这就需要我们有强烈的能够解决问题的决心,并付诸实际行动,这样才有可能会出现灵感。因此,灵感是辛勤劳动的结果,需要经过多次的努力后才能产生。

4)要充分做好迎接灵感到来的准备。灵感随时可能产生,我们要做好充分的准备随时迎接灵感的到来。我们要把大脑中的瞬间性、模糊性的灵感及时转化为可见的视觉图形,也就是说要脑、眼、手并用,这样我们的灵感就会更加清晰可见,更容易实现,否则灵感就会转瞬即逝。

6.1.4 共性和个性

一般来说,广告的创意要满足大众的审美情趣,具有普遍适应性,只有这样才能服务于大众、符合时代要求,满足社会需求。当然,并不是要求广告都要一个模式,千篇一律,是指广告要让大家看得懂,不能仅仅为了追求个性而让消费者感觉一头雾水,摸不着头脑,甚至有的广告看完了也不知道是什么广告,更不知道宣传的是什么。

在进行广告创意时,我们要在共性中寻求个性,引起消费者的情感共鸣。一个优秀的广告作品不只是拍得多么生动,画面多优美,音乐多动听,而是使消费者看完广告之后牢牢记住了这个品牌,从而决定去购买这个商品,这

样才达到了广告的最终目的。例如雪碧的一则广告:一辆跑车在炎热的沙漠中行驶,众人都感到炎热难熬的时候,取出雪碧一饮而尽,炎热的沙漠顿时变成了清凉的水底。这则广告找到了公众所普遍认同的创意点——渴望在炎热中寻找一份清凉,在此基础上又彰显了其创意的个性表达——环境随我而变,清凉由我而定,哪怕是燥热的沙漠也可以享受水底般的清凉,沙漠变成了激爽清凉的水下世界(图6-11)。这则广告既释放了个性,表现出与众不同的创意,也关注了共性,符合大众的共同认知,避免了个性的过度夸张与过度求异,减少了创意的突兀感。在共性中彰显个性,在个性里糅合共性,实现了两者的和谐共存。

因此,广告创意中共性的诉求可以约束个性的过度张扬,使个性具有一定的参照与规范;同时,个性化可以在共性的约束下得以尽情的释放与发展,这样就可以避免创意一味求异的弊端。这样设计出的广告作品既具备与众不同的个性,又具有大众普遍认可的共性。

6.2 广告创意方法

在进行广告创意时,有一些必要的方式方法可以帮助我们更快更好地取得满意的广告效果,下面,就让我们来一起学习下。

6.2.1 对比

对比是把具有明显差异的、矛盾的甚至是对立的双方安排在一起进行对照比较的表现手法,运用这种手法有利于充分显示事物的矛盾,突出被表现事物的本质特征。在广告创意设计中经常运用这种手法强调或提示产品的性能和特点,加深消费者的印象。广告中的对比体现在很多方面,例如:形状、大小、色彩、方向、数量、情绪、气氛、质感等。如大小对比中,大与小是相对而言的,运用大小对比会产生奇妙的视觉效果,差别小,广告给人的感觉温和沉稳;差异大,给人的感觉则鲜

明、强烈、有力。明暗对比是黑与白、阴与阳、正与反的对比;曲直对比是指广告设计元素形态的变化;虚实对比也是广告设计中常用的手法,使用时一般是将次要的附属物隐去,使主体物表现更加突出。

在广告设计中对比运用的最终目的是强调重点、突出产品特征并形成画面中心,引起消费者的情感共鸣,刺激消费者的购买行为。

在我们的现实生活中,广告设计采用对比的表现手法非常多。图6-12就是采用对比手法进行的广告设计,画面用两张不同时期的照片做对比,表现出德莱夫特洗衣粉经得起时间的考验,值得消费者信赖。对比手法的运用,不仅加强了广告主题的表现力度,而且饱含情趣,扩大了广告作品的感染力。运用好对比手法能使较平庸的画面隐含着丰富的内涵(图6-13和图6-14)。

6.2.2 展示

这是一种最常见的表现手法,是指将某产品或主题充分运用摄影或绘画等技巧,直接如实地展示在广告画面上。广告创意的展示法包括两种:直接展示法和间接展示法。

通常情况下,在做广告设计时直接展示法应用的情况较多。因为这种方法是直接将产品信息传达给消费者,直接把产品放在画面的主要位置展示给受众,并细致地刻画和着力渲染产品的质感、形态和功能用途,将产品精美的质地引人入胜地呈现出来,给人以真实的感受,使消费者对所宣传的产品产生一种亲切感和信任感。在进行广告设计时,要重点突出富有个性的产品形象、与众不同的特殊造型、企业标志和产品的商标等要素。

由于直接展示法是将产品直接推向消费者面前,所以要十分注意画面上产品的组合方式和展示角度,应着力突出产品的品牌和产品本身最容易打动人的部分,运用色光和背景进行烘托,使产品置身于一个具有感染力的空间,这样才能增强广告画面的视觉冲击力(图6-15至图6-17)。

间接展示法是指产品在画面中所占的位置相对比较次要，整个画面体现出一种意境，表现使用该产品的一种感受等，用这种方法烘托产品，可以体现产品的魅力和个性。我们在运用间接展示法进行设计时，可以考虑采用联想法、拟人法、比喻法等各种方法制造气氛和意境，将产品独特的个性体现出来。

无论是直接展示法还是间接展示法都是为了塑造产品的个性，以增强产品自身的竞争力，在同类产品中脱颖而出，取得更好的销售业绩。

6.2.3 联想

联想是由一个事物联想到与之有关的其他事物的思想活动，分为相似联想、相关联想、对比联想和因果联想等几种方式。在广告创意中，我们可以通过联想，在广告对象上看到自己或与自己有关的经验，从而使广告对象与消费者融为一体，在产生联想过程中引发美感共鸣，形成激烈而丰富的感情（图6-18）。

相似联想是指事物的形状或用途的相似性可引发的联想。如在日常生活当中，人们很容易由金色想到各种饰品；由火柴想到打火机；从缝衣针想到缝纫机等。黄金饰品、打火机、缝纫机等就是通过相似联想得来的。

相关联想是指由两个事物之间的必然联系和邻近关系而引发的联想（图6-19）。

对比联想是由具有相反特征的事物或相互对立的事物间形成的联想。

因果联想是指对事物产生的原因和结果而引发的联想（图6-20）。

6.2.4 夸张

夸张是对广告作品中所宣传的对象的品质或特性的某个方面进行比较明显的夸大，以加深消费者的印象或扩大消费者对这些特征的认识。通过这种手法能更鲜明地强调或揭示事物的本质，加强广告作品的艺术效果（图6-21）。

运用夸张的手法进行广告设计时，要具有独特的心思、丰富的想象，用极强的渲染力和表现力，完美展现商品的诉求点。通过夸张手法的运用，为广告注入了浓郁的感情色彩，使产品的特征更鲜明、突出、动人。如在诺基亚手机的一幅广告中，一艘豪华游轮上的所有乘客因为被岸边的巨幅诺基亚广告所吸引，全部围在了船的一边观看，因此使得游轮的重心发生了严重的偏离，从而产生了为诺基亚而"倾倒"的视觉效果。同样，另一幅诺基亚手机广告也用夸张的手法将其特色表现得很完美。画面中，一只河马出现在浴缸

图6_13 百事可乐广告

图6_14 宝马广告

图6_15 TOYO TIRES广告

图6_16 Dior香水广告

里与美女共浴，这个夸张的场景表现在吸引人的同时，将诺基亚手机高清晰的照相功能与即时传送图片功能淋漓尽致地传递给了消费者。

说到夸张广告，还要提到1984年美国温迪汉堡店的经典广告片"牛肉在那里？"。广告片内容为三位老太太坐在餐桌旁吃午饭，要的是面包夹牛肉，但送上来的仅是两个又大又厚的圆面包，老太太们找来找去，甚至趴到桌子底下去找也找不到应该夹在面包中的牛肉。其中一位老太太对着镜头大喊："牛肉在哪里？"老太太的声音与语气十分有趣，加上夸张的动作，给观众留下了深刻的印象，接着画外音告诉观众，如果这三位老太太去温迪吃饭，就不会如此晦气了。这样，就把人们的视线引向了温迪汉堡店。"牛肉在哪里？"这句广告语使"温迪"从此名声大振。

6.2.5 比喻

比喻是一种常用的文学修辞手法，比喻的事物与主题没有直接的关系，但是在某一点上与主题的某些特征有相似之处，"以此物喻彼物"，可以借题发挥，进行延伸转化，获得"婉转曲达"的艺术效果。我们在运用比喻的表现手法时，要注意本体和喻体之间的关系，将它们之间的相似之处把握得恰到好处，只有这样才会取得好的效果（图6-22）。

比喻的手法有明喻、暗喻、借喻等，与其他表现手法相比，比喻的表现手法比较含蓄，有时难以一目了然，但一旦领会其意，便能给人以回味无穷的心理感受。

明喻就是指本体和喻体同时出现，它们之间在形式上有相关的联系，常用"像"、"好像"、"仿佛"、"比方

说"等比喻词。

暗喻的表现形式一般是本体和与它在形式上有关系的喻体同时出现于广告中，常用"成为"、"变成"等词连接二者。例如优乐美奶茶的广告"你是我的优乐美"，这则广告把优乐美奶茶——本体，比作亲密的恋人——喻体。恋人间的甜蜜、温馨、浪漫，在喝优乐美奶茶时就能感受得到。该广告巧妙的设计，引发人们对恋爱的憧憬，让人仿佛闻到了奶茶的芳香，尝到了奶茶的甘醇。广告很好地契合了奶茶与恋人的相似点，打动人心，给人甜蜜之感。需要特别注意的是，这则广告较特别的一点是灵活地把喻体放在本体前面，两者位置颠倒，这是一种倒喻形式。

借喻大多表现为将喻体用来代替本体，本体和喻词都不出现而是直接把本体说成喻体，用以达到形象、生动。

图6_17 某品牌饮料广告

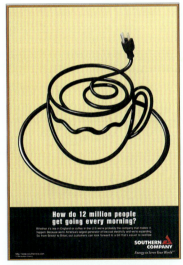

图6_19 SOUTHERN COMPANY公益广告

图6_20 纳税公益广告

图6_18 NIKE广告

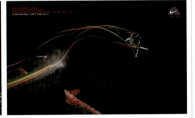

6.2.6 滑稽与幽默

滑稽与幽默法是指在广告作品中巧妙地再现其喜剧性特征，抓住生活常见现象中的局部性东西，通过人们的性恪、外貌和举止的特征表现出来。

采用滑稽与幽默的表现手法进行广告设计，往往采用饶有风趣的情节、巧妙的安排，把某种需要肯定的事物无限延伸到各种广告目的需要的程度，造成一种充满情趣、引人发笑而又耐人寻味的幽默意境（图6-23）。幽默的矛盾冲突可以达到"出乎意料之外，又在

情理之中"的艺术效果，引起观赏者会心的微笑，以别具一格的方式，发挥广告的感染力（图6-24和图6-25）。

6.2.7 异形同构

异形同构是将两种及两种以上毫不相干的物体形象素材重新组合，形成新的形象，它是广告设计中图形创意的一种表现形式。异形同构的重点在于同构，改变一个形象容易，如何重新构成使其体现新的意念则要基于设计师的艺术功力。

这种创意方法注重形与形之间的结构关系和对画面整体结构的把握。它更多地带有设计师的主观意识。对于这类创意，要求所采用的形象素材具有针对性，也更加具体化。两个物体看似没有关系，但通过设计者的巧妙构思组合，就会形成新的图形，具有非常深刻的象征意义，将难懂的道理通俗易懂地表现出来，给受众留下非常深刻的印象（图6-26和图6-27）。例如，有一则美容店的广告，图形元素是理发用品和目标消费者女性，画面以女性人体组合的方式

图6_21 Don Toallin 吸水纸广告

图6_23 夏天凉席广告

图6_22 三菱帕杰罗越野车广告

图6_24 一汽大众广告

进行创造，模仿成剪刀的形状，使人体和工具完美结合在一起，既符合广告的主题，同时又达到形式新颖且富有艺术美感视觉的效果（图6-28）。再如"2011年第四届全国大学生广告艺术大赛"的招贴广告作品"创意我绽放"，就很好地运用了异形同构的方法，它将荷花的花苞与中国传统书法工具毛笔的笔头进行巧妙的同构，很好地体现了"绽放"的过程（图6-29）。

6.2.8 矛盾

　　这里的矛盾实际上包括两个层面的含义：一是矛盾空间，广告作品大多是要在二维平面上表现出三维空间的矛盾性（图6-30），广告中的矛盾图形是图底反转矛盾的一种延伸，同时与错觉具有共通性，表现为非现实的无理图形、假想空间、梦幻空间和非现实空间的表述形式，以变动立体空间形的视点而构成不合理空间，其重要的表现形式是"反转空间"；二是不同的视觉元素处于同

一个环境或主题中，形成多元素空间状态图形结构错落的矛盾性形象，其构成条件是视觉元素需处于一定的空间状态中，没有固定的显示和特定的场合，具有一定的透视空间状态。矛盾空间是依托于一定的意念联想和观念联想，对形象的重新解构再创造。我们可以利用物象的自身变异，把现实生活中所不可能出现的现象，以反常态的物像形状或形态出现。

　　美国著名视觉心理学家鲁道夫·阿恩海姆（Rudolf Arnheim）认为："视觉形象永远不是对于感性材料的

图6_25 Merello糖果广告

图6_26 全国环保招贴大赛获奖作品——《燃眉之急》

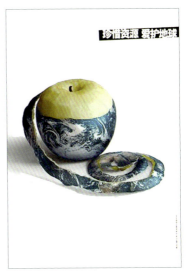

图6_27 全国环保招贴大赛获奖作品——《珍惜资源、爱护地球》

图6_28 某美容店的广告

图6_29 "2011年第四届全国大学生广告艺术大赛"招贴

图6_30 "第八届少数民族传统运动会"招贴

机械复制，而是对现实的一种创造性把握。它把握的形象是含有丰富的想象性、创造性、敏锐性的美的形象。"其表现方法可以运用视角变换构成矛盾图形；形状交叉错接形成矛盾图形；视错觉形成视幻觉图形。这类矛盾形象超越平面以立体图的形式混淆我们的视觉经验，以其独特的意念和形式使人印象深刻（图6-31）。

6.2.9 空间混合

将不同的颜色并置在一起，当它们在视网膜上的投影小到一定程度时，这些不同的颜色刺激就会同时作用到视网膜上非常邻近的部位的感光细胞，以致眼睛很难将它们独立地分辨出来，从而在视觉中产生色彩的混合，这种混合方式称为"空间混合"，又称"并置混合"（图6-32）。这种混合与"加色混合"和"减色混合"的不同点在于，颜色本身并没有真正混合（加色混合与减色混合都是色彩先完成混合以后，再由人眼睛看到），但它必须借助一定的空间距离来达到预想的视觉效果。

空间混合的效果取决于三个方面：一是色彩形状的肌理，即用来并置的基本形，如小色点（圆形或方形）、色线、风格、不规则形等。这种排列越有序，形越细、越小，混合的效果越好；否则，混合会显得杂乱、眩目，没有形象感；二是取决于并置色彩之间的强度，对比越强，空间混合的效果越不佳；三是观者的距离，空间混合制作的画面，近看色点清晰，但是没什么形象感，只有在特定距离之外才能看到明确的色调和图形。

点彩派画家乔治-皮埃尔·秀拉（Georges-Pierre Seuat）的点彩作品，是绘画艺术中运用空间混合原理作画的典范。古罗马和拜占庭时期的镶嵌细工艺术和马赛克壁画，特别是19世纪的新印象派，将这种色彩构成形式发展到极致。现在我们常见的空间混合广告作品，大多是在基本型上

图6_31 NOKIA广告

图6_32 产生空间混合效果的IKEA广告

图6_33 国外获奖广告

进行创意（图6-33）。

6.2.10 偶像代言

在现实生活中，人们心里大多都有自己崇拜、仰慕或效仿的对象，而且有一种想尽可能地向他靠近的心理欲求，从而获得心理上的满足。"偶像代言"这种手法正是针对人们的这种心理特点而运用的，它抓住人们对名人、偶像仰慕的心理，选择观众心目中崇拜的偶像，配合产品信息传达给观众。借助名人偶像的感召力，可以大大加深产品在消费者心目中的印象，树立名牌的可信度，产生强大的说服力，引起消费者对广告中名人偶像所赞誉的产品的购买欲望（图6-34）。

选择的偶像可以是柔美风流的超级女明星；气质不凡、举世闻名的男明星；也可以是驰名世界体坛的男女高手；还可以选择政界要人、社会名流、艺术大师、战场英雄等。偶像的选择要与广告的产品在品格上相吻合，不然会给人牵强附会之感，使消费者在心理上予以拒绝，这样就不能达到预期的广告目的了。

6.2.11 情调设计

所谓情调设计，即将基于一种主题意念而表现出来的浓郁的感情色彩和审美抒情融于广告创意表现之中。

情调设计经常用说故事的方式来表达信息与人的关系，以卓越的创意、动人的形象、诱人的情趣、变换多样的艺术处理手法表达广告的内容，从而使消费者产生身临其境并与之心灵对话的境界，进而唤起消费者的购买欲求。

广告只有以情动人，才会有强烈的感召力，美国心理学家亚伯拉罕·马斯洛（Abraham Maslow）指出："'爱的需要'是人类'需要层次'中最重要的一个层次，人有爱、情感和归属的需要。"运用情调设计来揭示广告主题，往往能够拨动人的心弦，并且使人回味无穷。因而，情调设计虽然在生活中常见，但却能展现出非同寻常的内涵，它归属于一个视觉出发点，但都又远远地超越了画面的视点，它所营造渲染出来的气氛和意境给人们一种"言有尽而意无穷"的回味感，也就是说，如果善于在广告设计中将审美性融合到创意表现中，巧妙地进行"感情投入"，通过运用各种抒情手法，把消费者引进"情文并茂、情景交融、情理相随"的艺术境界中，自然就会使商品与消费者之间产生情感上的共鸣。

6.3 抽象艺术创作手法

抽象艺术指艺术形象较大程度偏离或完全抛弃自然对象外观的艺术，他一般被认为是一种不描述自然世界的艺术，它通过形状和颜色以主观方式来表达。下面我们来详细了解下抽象艺术的创作方法。

6.3.1 冷抽象

所谓冷抽象就是指以几何块面构成的作品，也被称为"几何抽象"。

冷抽象的代表人物是皮特·科内利斯·蒙德里安（Piet Cornelies Mondrian），他把新造型主义视为一种手段，通过这种抽象符号把丰富多彩的大自然简化成一定关系的表现对象。他认为："唯有纯造型才能完成最后的抽象。在造型艺术中，真实性只能通过形式和色彩，才能表现出来，纯手段才是提供达到这一点的最有效的方法。"这一思想使他通过直线，把色彩简化为原色，并加上黑和白，形成一种非平等的、对立的均衡，正如他自己所说："我一步步地排除着曲线，直到我的作品最后是由竖线和横线完成，形成诸如十字形，各个色块相互分离和隔开。竖线和横线是两种相对立力量的表现，这类对立物的平衡到处存在着，控制着一切。"蒙德里安1914年的画中，曲线已经消失，垂直与水平结构居主导地位；1919年以后通过垂直与水平线结构的动势平衡，以及使用原色，完成了他表现宇宙的理想，达到一种人与自然统一的境界。（图6-35）是蒙德里安的作品，他认为垂直线和平行线组成的几何形体是艺术形式中最基本的要素，唯有几何形体才最适合表现"纯粹的实在"，他希望用这些基本要素，最纯粹的色彩，创造出表里平衡，物质与精神平衡。创造这种平衡艺术的思想根植于当时的社会现实，一战之后，社会普遍处于不安状态，他试图以这种宁静平衡的艺术，安慰人们不安的心灵。

蒙德里安的创作点是点、线、面的集合体，完全用集合形态来描绘艺术家想要表达的形象和情感。在其作品《百老汇爵士乐》（图6-36）中，他用横竖的色块诠释音乐的韵律，表现音乐的美妙。这种抽象的绘画语言深刻地影响了广告行业，尤其表现在企业的CI标

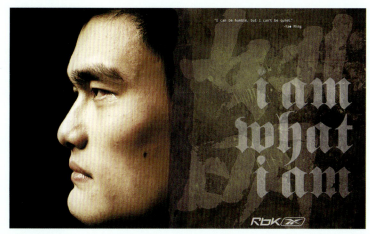

图6_34 以姚明作为代言人的锐步广告

志设计方面。具象事物的表达很少在标志中出现，标志设计遵循着简洁、易记的原则。在标志设计中，往往通过抽象的符号来传达企业文化和理念，而且标志的设计需要考虑企业发展的长远性，设计要有张力，能给受众留下持久、统一的印象。需要注意的是，标志不宜经常更换，以免让人混淆。抽象的符号语言恰好可以满足标志设计的特性。如耐克希望自己的作品能给运动员带来胜利，那广为人知的勾形标志，其设计灵感来源于希腊胜利女神的翅膀，代表力量、速度和胜利。简洁醒目的几何符号，如今已成为人们心目中运动品牌领先者的化身，引领着公司的成长。

6.3.2 热抽象

热抽象的代表人物是瓦西里·康定斯基（Wassily Kandinsky），他是俄裔法国抽象主义画家，被誉为"抽象艺术之父"，其艺术被称为"热抽象艺术"或"抒情抽象"。他的前期作品大都属于热抽象，使人感到自由、毫无约束；在后期，他把"热抽象"和"冷抽象"有机结合起来，即在任何的结构和造型中，配以鲜亮的光和柔和的色。这种艺术创作手法被广泛地应用到封面、海报、标志设计中（图6-37）。

1992年巴塞罗那奥运会会徽就借鉴了这种绘画语言，标志上半部由蓝色的点和黄色、红色两个弯曲的线条组成，红、黄、蓝三大色块象征地中海文化中太阳、生命和大海三个永恒主题，一点两线既象征大地、天空，又构成了一个人的运动状态，似跑似跳，还可以理解为巴塞罗那人正张开双臂迎接来

自五大洲的客人。北京2008年申奥标志飞扬的五环也运用了"冷抽象"和"热抽象"结合的手法，使这个设计成为奥运史上的经典。

6.3.3 拼贴

拼贴是将纸张、布片或其他材料进行剪贴，在一个二维的平面上创作出一件拼贴作品。拼贴是现代平面设计中最常见的一种技法，可以将不同时空的物体放在一起进行创意，体现各种元素的自由、奔放之感，同时又和谐地交织在一起，使其具有新的含义。现代艺术中的拼贴，不仅仅是一种创作的操作手法，而是将其含义扩展为对创作的一种态度。在无声的视觉语言中，观者可以充分领略到作者丰富的感知力、理解力和想象力，在欣赏作品的同

图6_37 抽象广告作品

图6_35《构图》蒙德里安

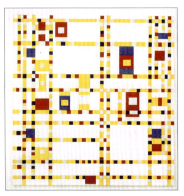

图6_36《百老汇爵士乐》蒙德里安

图6_38 天地通宽带广告

时理解作者想要表达的设计意图(图6-38)。

拼贴的手法是很多样的,不仅仅在创作的颜色,肌理和质感上有变化,其中游戏的意味和反讽的趣味、非现实的重组和叙述手法,都深深影响了20世纪新的艺术创作形式和观念。

欧洲平面设计大师安杰伊·克利莫夫斯基(Andrzej Klimovski)说过:"在各种艺术形式走到尽头的时候,对片段的截取与整合成为后现代的标志之一。"日本平面设计大师原研哉(Kenya hara)也经常使用拼贴的艺术手法来创作自己的作品,他在视觉与触觉方面做了很多研究,为后人研究拼贴艺术在平面设计中的运用起到了很大的借鉴作用。

6.3.4 错视

错视又称"视觉假象",在艺术作品中是指通过几何排列、视觉成像规律等手段,引起人视觉上的错误感觉,达到艺术或者类似魔术般的效果。

错视一般分为三种:图像本身的构造导致的几何学错视;由感觉器官引起的生理错视;心理原因导致的认知错视。

在广告设计中,错视是基于人们的生活经验,并利用人们的惯性思维,引导和暗示消费者认知到由所观察到的事物映射或联想到的其他事物。这种事物的映射是主观的,它偏离了所观察的客观事物。由于广告设计中的错视基于视觉心理的基础之上,这就使得广告设计中的错视充满趣味,成为错

视广告设计的魅力所在。

比如图6-39所示的一汽大众的广告摄影图片中,通过气氛的营造,使观众产生一种错觉,不知道是人物的正面还是背面,但通过仔细观察分析后,确定还是背面。错视在广告中产生的让人感到有些出乎意料的善意诱导,使消费者对广告信息产生浓厚的兴趣,从而最终促成广告目的的达成。

6.3.5 正形与负形

所谓正负形是指正形和负形可以相互借用,在一种线形中隐含着两种各自不同的含义(图6-40)。我们将画面中实在的形体称为"正形",也称为"图";将其周围的"空白"(纯粹的空间)称为"负形",也称为"底"。

从设计的角度来说,我们一般把空间分为两类,即正空间和负空间。在平面广告中的正空间就是"形"所包围的那部分空间,即文案、图形、线条、色彩等组成的空间,其周围的空间被称为负空间。

我们常常发现正形与负形空间中的图像创意是很有趣的(图6-40),在平面广告中大胆地运用负空间往往能起到事半功倍的效果。例如德国设计师德雷维斯基·雷克斯(Drewinski Lex)先生所做的爱情剧《安托尼和克雷欧佩特拉》招贴设计(图6-41),巧妙运用了平面空间的艺术手法,在女性和蛇之间用正负形的表现手法,一线两用,一语双关,将女性温柔的特性及基督文化中蛇与女性之间的关系表现得淋漓尽致,让人感受到艺术营造的

美妙文化空间。正负空间的相互借用,能产生强烈的艺术感染力,是赋予设计作品艺术化的魅力和视觉上满足感的一种表现手法。

平面广告设计的水平对广告视觉信息的准确传达起着关键性作用,是广告活动中不可缺少的重要环节,是广告策划的深化和视觉化表现。作为实现广告设计的核心表现手段,正负形已成为一种不可或缺的设计手法。正负的引入使得平面广告设计的版式大大简化,趋向简洁、淡雅且充满想象力,让观众对作品产生强烈的好奇心。

6.3.6 平面构成

平面构成是现代设计基础的一个重要组成部分,它将既有的形态(包括具象形态和抽象形态——点、线、面、体)在二维的平面内,按照一定的次序和法则进行分解、组合,从而构成理想形态的组合形式。它是一种理性的艺术活动,在强调形态之间的比例、平衡、对比、节奏的同时,又要讲究图形给人的视觉引导作用。

平面构成设计方法主要有以下几种。

1)抽象的点、线、面在设计中的运用多采用两种方式:一种是以抽象的点、线、面作为画面的主体形式;另一种是对具象图形加以点化、线化、面化的处理,即以抽象的点、线、面构成具体形象。

2)重复构成避免单调感。重复构成是以多取胜的方法,人们有这样的经验:在不同时间和不同地点重复见到

图6_39 大众汽车广告

的事物容易记住；同一时间和同一地点多次出现的现象也容易加深印象。因此，在现代广告设计中对形象加以重复处理是一种有效加深消费者印象的方法。

重复处理的形式应注意既要发挥重复表现的优势，又要避免重复带来的单调感。这就要把握好重复中的变化，例如数量、面积、方向、位置、虚实、色彩等变化的处理（图6-42）。但不论采用什么变化形式，由于同样是表现整体的一部分，因而必须根据表现的需要进行恰当的处理。

3）对比使主题更鲜明。对比又称对照，把质或量反差甚大的两个元素成功地排列在一起，不但给人强烈的感触而且还不违反二者的统一性。就对比而言，视觉要素的各种差异都可以作为对比的因素，诸如：大与小、轻与重、粗与细、直与曲、柔与刚、明与暗、虚与实以及色彩对比等（图6-43）。

4）反常态的设计——特异。特异是指在重复构成里刻意的突变，以打破其固有的规律性。这种以"奇"取胜的反常态设计可以表现出常态处理所达不到的信息内涵和视觉效果。这种方法在广告设计中经常运用，而且取得了较好的效果。

平面构成设计的方法还有好多，

这里就不一一举例了，大家在设计中可以活学活用，根据主题的需要来进行设计。

6.4 广告创意的制胜法宝

6.4.1 传统元素

凡是被大多数中国人包括海外华人认同的、凝结着中华民族传统文化精神，并体现中国国家尊严和民族利益的形象、符号或风俗习惯以及所有物质，均可被视为"中国元素"，例如龙凤图案、长城、春节等等。由此我们可以看出，中国传统元素的内涵与精神是民族历史长期积淀的结果，是中华民族所特有的，也是民族形式的灵魂之所在。现代设计离不开传统文化，没有传统就没有继承和发展，更不会有中国特色的设计。我们在今后的设计中要多考虑将传统元素与国际化接轨，运用现代构成的手法将传统元素打散、重构，构成新的图形和含义，表达作品的深刻内涵，让观众更易于接受，引起观众的情感共鸣（图6-44）。

（1）中国传统元素

中国传统元素是我们中华民族设计创意的源泉。众所周知，广告创意的

一大重要来源就是传统元素：包括图形、文字、音乐、戏剧、曲艺、绘画、诗词歌赋等。其中，中国传统图形是植根于中国民族性、地域性的传统艺术渊源中的，它们与现代图形的造型方式有许多不同的地方。中国传统图形注重的是实形的完整性与装饰性，关注形与形之间的呼应、礼让和穿插关系，在组构时多遵循求整、对称均齐的骨式。现代的标志设计从传统图形中受益非浅。例如湖北电视台的台标是湖北工业大学的校长徐开强教授设计的，他的灵感来源于湖北是楚文化的发源地，楚人崇凤，因此他用一只展翅高飞的侧面凤凰的抽象化形象来寓意湖北的经济蓬勃发展，蒸蒸日上（图6-45）。而湖北大学的标志跟湖北电视台的台标有异曲同工之处，它们都是选用了凤凰作为象征。不同的是，湖北大学的标志中凤凰的形象是传统的凤凰的图形，还采用了编钟和象形文字，形象非常古朴优美，有特色的地方是在编钟的最上部有一个钥匙的设计，隐含着开启智慧之门的含义（图6-46）。可见，在标志设计中我们可以将传统的图形现代化、抽象化，也可以将抽象化的图形进行重构，使之具有更深刻的含义。

（2）中国传统元素在现代广告设计中的运用

图6_40 环保公益广告

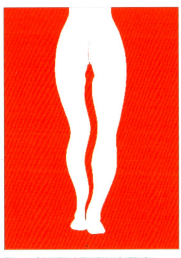

图6_41《安托尼和克雷欧佩特拉》招贴设计

图6_42 冰淇淋广告

中国传统元素在现代广告设计中运用最多的就是水墨艺术、书法、印章、地方戏曲、民间传统文化、传统吉祥图案及纹样等等。中国传统文化博大精深，给子孙后代留下了宝贵的财富，要想将我们的设计立于世界不败之地，就要好好将现代设计植根于民族传统文化中，形成有"中国特色"的设计风格，要根据中国的国情设计出既有中国特色，又具有国际化特征的设计作品。这样，不仅让中国人能看懂设计作品，而且外国人也能看懂（图6-47和图6-48）。

例如2008年北京奥运会的招贴广告就是充分利用了中国传统文化来进行设计的。其中有一系列作品是利用京剧里面的人物，以及传统剪纸、灯笼的元素来进行设计的（图6-49），另外一系列作品是利用北京的著名景点跟奥运会的标志性建筑结合来进行设计的（图6-50）。运用传统与现代的对比手法来进行设计，给人耳目一新的感觉，充分体现了招贴的主题："同一个世界，同一个梦想"。这些招贴设计作品既具备中国传统文化的特色，又体现了与时俱进的时代感，是具有中国特色招贴广告设计的典范。

中国水墨画以笔法为主导，充分发挥墨法的功能。在水墨画中，"墨分五彩"指的是墨的浓淡变化就是色的层次变化。水墨画独到的表现方式和文化品格具有不确定性和渗透性，在中国的水墨画中，绘画追求精神意境，把所需的绘画材料减到了最低的限度。在现代平面设计中，设计大师靳埭强先生在他的作品中就大量运用了中国的水墨元素来表现创作思想，并取得了非凡的成就。如今，更多的中国设计师慢慢认识到了本土文化对设计领域在国际上发展的重要性，并掀起了平面艺术类的"水墨热"，特别是在房地产广告（图6-51）以及公益海报招贴中，水墨元素运用得更多一些，当然我们在包装设计、书籍装帧设计等方面也经常应用水墨元素。

6.4.2 设计要"以人为本"

这里所讲的设计要"以人为本"是指我们在做任何设计时都要考虑人的主观感受，符合人机工程学的要求，在广告设计领域，就是使我们设计的作品符合消费者的心理需求以促使消费者购买产品。其实设计以人为本考虑的更多的是设计的人性化、人情化，是具有人情味的设计，而不是冷冰冰的机械主义设计作品。在设计中将人的利益和需求作为考虑一切问题的最基本的出发点，并以此作为衡量的标准。在当今设计界，设计"以人为本"已经成为设计师的"金科玉律"（图6-52）。

6.4.3 设计在"似"与"不似"之间

中国画讲究"形神兼备""意在笔先"。画中形象可选取生活中的很多平凡的事物，让看画者有种似曾相识的感觉，但是它又不是完全一样，不像摄影作品一样真实，而是典型的，有代表意义的"一类"，让人们既感觉到它的存在，又有一种不容易被人们发现的东西能够打动人心，这便是"神似"，强调人的主观的、精神的东西体现在客观的、具象的事物上（图6-53）。

广告设计可以很好地体现"似与不似"之间。从创意的角度说，是表象与意象的完美结合。任何一则广告的创意都离不开具体的表象，这是由于广告的视觉形象更容易引起注意。广告创意要新颖、独特，便要求创意构思要

图6_45 湖北电视台标志

图6_46 湖北大学标志

图6_43 福田繁雄招贴广告

图6_44 "第六届中国艺术节"招贴广告

高于形象，在具体形象的基础上表达一种理念的、理性的思维。设计师需要发挥想象力，要在平凡的事物中发现其不平凡之处，从而达到引人注意甚至过目不忘的广告效果。

例如，一则减肥广告（图6-54），画面靠下方坐着一群建筑工地的工人，其中一人很胖，将坐着的栏杆都压弯了，正好这则广告挂在较高的建筑物顶端，感觉将建筑物也快压垮了。这个广告没有过多的语言文字，就在人物上方正中间的位置有一句广

告语，点明了减肥的主题。消费者即使在远处也可通过图形就能看得很明白，可谓是构思巧妙、匠心独具，还有一则美的电风扇的广告创意也独具匠心，它是利用周围的建筑物来进行整体设计的，并不是一则的孤立广告，而是跟环境进行了有机的结合，美的电风扇的广告在一个外观波浪形建筑的对面的一个高楼上，感觉是美的电风扇吹出来的风力非常强，将对面的高楼吹成了波浪形，设计者富有创意地将电风扇与建筑环境融为一

体，给人耳目一新的感觉，是一则成功的广告作品（图6-55）。

6.4.4 设计无国界

好的广告设计作品能够跨国界流传，例如大家所熟悉的西式快餐肯德基和麦当劳，无论在世界上哪个地方，你只要看到他们的标志或吉祥物，就知道这是他们的广告。

我国著名平面设计大师孔森曾经说过："目前中国人越来越崇尚设

图6_47 埃及电信运营商广告

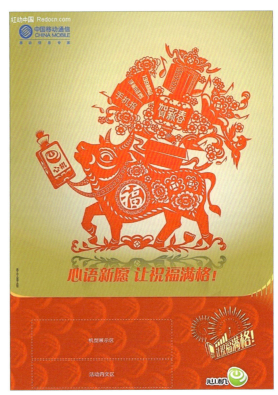

图6_48 中国电信广告

图6_49 中国2008年奥运会招贴广告

图6_50 中国2008奥运会招贴广告

计，许多国际平面大师如走马灯似地穿梭在中国，这与同行的引荐推广、传播经典的作品有关，也同中国的国际地位，世界性活动与集会越来越多有关。关于我们的态度应该是清醒、宽容、沟通与交流，最后呈现给世界的是同步的、和谐的、无障碍的视觉语言，你中有我，我中有你，世界大同，皆大欢喜。"毕学锋设计的《沟通》海报（图6-56）曾在国内外获得一些设计奖，他自己认为它存在着一种西方荒诞主义思想，运用了反逻辑的超现实主义表现手法，但是图形表现是具象的，关于文化层面上的东西，他说自己在设计上没有刻意追求，只是用自己的思考方式去创作罢了。之前他曾将设计作品拿给英国设计师艾伦·弗雷切看，说他的作品传达出很强的东方思想和智慧，其实毕学锋对设计的关注点在西方，而西方人看他的作品却是东方的，这也正好体现了设计无国界的观念，无论是中国人还是外国人只要能看懂图形所传达的意思就够了。

6.5 广告创意的趋势

6.5.1 现代主义设计

现代主义是从19世纪末20世纪初发展起来的一场艺术运动。这是一场真正的设计革命，通过这个运动，设计才第一次成为为大众、大工业化、批量化生产服务的活动。现代主义设计是从建筑设计发展起来的，它起源于欧洲大陆，20世纪20年代达到高潮，当

图6_51 某房地产广告

图6_54 减肥产品广告

图6_52 大众汽车广告

图6_55 美的电扇户外广告

图6_53 汽车广告

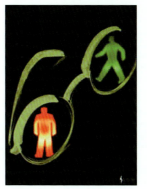

图6_56 《沟通》广告

时的设计思想和实践活动为现代设计奠定了坚实的基础图。图6-57是现代主义风格广告作品。

"现代主义"设计运动起源于三个方面。

（1）俄国的"构成主义运动"

它的代表人物是俄国画家李西茨基（Eleazar Lissitzky），他首先把绘画中的构成主义应用到了平面广告设计上，着重研究抽象几何形态、结构次序以及在画面中排列组合产生的空间关系，并在照片、图形、字体的构成方面采用非对称构图，使广告作品产生强烈的视觉冲击力。例如，李西茨基的代表作品《用红色锲子打击白军》（图6-58），就是利用点、线、面来组织画面。

（2）荷兰的"风格派"

荷兰的风格派的代表人物是泰奥·凡·杜斯伯格（Theo Van Doesburg），他在1917年创办了一本叫做《风格》的杂志，充分表达了自己的观念。他的作品强调几何纵横结构、几何性和数理，力求以减少主义的设计形式来确立平面设计的国际风格。

（3）德国的包豪斯

包豪斯被誉为"现代设计的摇篮"，特别是其在理论上的建树对现代工业设计的贡献是巨大的，它对于现代艺术设计教育的理论方面做出了不可磨灭的贡献，它的成就实际上是现代设计思潮的集大成。包豪斯的发展经历了三个阶段：第一阶段（1919~1925年）魏玛时期；第二阶段（1925~1932年）迪索时期；第三阶段（1932~1933年）柏林时期。包豪斯聘请了一大批教员，如拉兹洛·莫霍利·纳吉（Laszio

Moholy Nagy）在平面广告设计中做了大量尝试，大量运用现代印刷字体、电影蒙太奇手法、摄影图片、暗房技术等，使广告设计更具有现代感。

由以上三个方面我们不难看出，现代主义设计的特点就是：易读性、抽象性和构成性，如图6-59广告一样，它以共性取代了个性化的风格，以功能第一、形式第二的立场推翻了唯美的装饰主义风格。

现代广告设计吸取了现代主义的理念，在作品中充分融入了商家的诉求和产品定位（图6-60）。这种广告通过在各种媒体投放，与消费者接触，能够渗透消费者的思维，影响消费者的选择，最后促成消费者的行动——购买商品（图6-61和图6-62）。例如，不同品牌的酒的配方和口味其实相差无几，为什么消费者

图6_57 FENDI品牌广告

图6_58 李西斯基《用红色锲子打击白军》

图6_59 巴拉圭红十字会广告

的选择不同呢？他们选择的依据就是广告赋予产品的不同内涵，如世邦广告公司为五粮液设计的经典广告，赋予它"名门之秀"的形象，而五粮液之前总是以雄浑大气示人的。百事可乐与可口可乐的味其实是相差无几的，百事可乐宣传"新生代的选择"的品牌精神，把品牌蕴含的那种积极向上、时尚进取、机智幽默和不懈追求美好生活的新一代精神发扬到百事可乐所在的每一个角落；可口可乐宣传"永远的可口可乐"的品牌精神，把"美国梦"装在了瓶子里，是活力、激情、创造、享受等美国精神的象征。

6.5.2 后现代主义设计

后现代主义设计起源于美国，早在20世纪60年代末就已经体现在平面设计中了，是对现代主义平面广告的一种改良设计。

后现代主义设计是当代西方设计思潮向多元化方向发展的一个新流派。后现代主义设计的兴起有两个原因：其一是对形式化的反叛。战后流行的国际主义设计在风格上与战前现代主义设计一脉相承，但从设计理念来看，则已面目全非，民主色彩、社会主义色彩、乌托邦色彩荡然无存，只剩下一个减少主义。米斯·凡德洛（Mies Vander Rohe）主张"少则是多"，到20世纪60年代末70年代初，原来变化多样、形式各异的各国设计被单一化的国际式风格所取代，深刻影响着欧美、日本甚至一些其他国家和地区的设计趋势，它的弊端也慢慢呈现出来，工业化与人的对立；设计形式的单一化与社会生活多样化的对立；专家精英制造的高雅文化与大众通俗文化的脱节等。最终，由现代主义国际化所建立的技术空间、理性秩序、逻辑结构，一切都经典化、规范化，从而产生了新一轮的设计理念；其二是对个性化的设计追求。在多元化、零散性、形象性、短暂易变的消费文化的影响下，人们对单调、冷漠、非人性化，千篇一律忽视个体需求、个体的审美价值的设计形式已经无法忍受。1972年，美国中部城市圣路易的"普鲁蒂-艾戈"住宅（一座冷漠到极点的国际主义建筑，建成后人们长久不愿迁入，因为他们感到好像住入监狱一般）被炸毁，标志着现代主义、国际主义设计的灭亡。这样，20世纪60年代末70年代初的以改变国际主义的单调形式为中心的各种所谓"后现代主义"风格登上了设计舞台。

图6_60 SHARP空气净化器广告

图6_61 国外某品牌领带广告

后现代主义广告设计在我国兴起对推进思想解放、破除艺术陈规起到了积极的作用，并且影响了大众的思维习惯和生活方式。

后现代主义广告塑造的是我行我素、敢作敢为、力求打破传统束缚的"不安分子"。与消费者的共鸣可以在优雅朦胧的意境下发生，也可能在惊讶不已中进行。例如有一则户外广告，主体文字是："让舌头玩转停不了。"这是一个糖果类的广告，表现了不管是什么口味的糖果，只要吃了它你的舌头就不停地想吃，画面用一个动物的拟人手法来表现，用很夸张的表情，让人感觉很享受这个美味的糖果，让消费者看的口水直流，从而刺激消费者去购买这个产品。香港生力清啤广告中的卡通主人公更是个大胆妄为，乖张顽劣的坏小子，他的行为是以现实生活中的顽皮少年为蓝本的，经过夸张的处理，加上"生力清

啤，有的野哦"的广告语，受到年轻人的喜爱。

后现代主义的广告设计把我们从传统广告的桎梏中解放了出来，但它仍然处于探索和创新阶段。希望我国的后现代主义广告设计能继续向着积极的方向发展，为我们在人性与科技、环保与现代化中找到一个平衡点。之后，数码插画也影响了广告设计，如图6-63所示。

6.5.3 超现实主义

超现实主义是受达达主义影响而产生的一个艺术流派，原来是一个文学运动，而后扩展至绘画、雕刻、戏剧、电影等方面。1920年到1930年间，超现实主义成为欧洲艺术界的主流。超现实主义的艺术家除了受到达达主义的影响外，奥地利学者西格蒙德·弗洛伊德（Sigmund Freud）的

"精神分析学说"也是很重要的影响因素。超现实主义主张透过作品将梦的世界和潜意识的世界呈现出来，因此在超现实主义艺术大师的作品中充满了奇幻、诡异、梦境般的情景，常将不相干的事物加以并列在一起，构成超越现实的幻象。超现实主义的艺术家为了表达这些奇发异想，也采用了种种特殊的技法，如：拓印法、粘贴法、自动性技法等，此外也会采用精细而写实的手法来表现。超现实主义是一种以表达人的潜意识为主的艺术流派，对广告设计等领域产生了重要影响。广告中超现实主手法的运用，对广告创意的发展意义非凡。

超现实主义广告，顾名思义就是在广告中主要采用了超现实主义的表现方法。超现实主义中的"超"是指超出现实，表达能被人的无意识或感官在敏感状态下感知到的东西。这意味着在表现形式上，超现实主义广告

图6_62 Hubba Bubba泡泡糖系列广告

必然要与其他广告惯用手法有明显区别。超现实主义的创作理念就是将潜意识与梦境创造性地表达出来，设计师在设计超现实类广告作品时也可以借鉴这种表现手法，为了满足广告宣传的需要，可以创造性地运用联想的方法，联系潜意识、梦里的各种元素和日常现实元素，以非合理的主题，结合奇异的、怪诞的影像，加之各种随意涌现的意念，把许多东西不可思议地联系在一起。例如美国珠宝设计师的2012秋度假系列广告，用梦幻的黑白色彩带给人一种近似疯狂的感受（图6-64）。在阿迪达斯的一则广告中，运动员穿着阿迪达斯运动鞋进行投篮，运动员投篮的一连串慢动作组成了"翅膀"一样的图形，帮助运动员在球场飞跃起来（图6-65）；在诺基亚手机的一则广告中，手机漂浮在空中、手机屏幕散发出浪漫的星光（图6-66），等等类似的

广告还有很多。超越常规、富有想像力的画面，令观众耳目一新，也让原本商业味浓厚的广告变得更有趣味且更具艺术感染力，达到常规广告很难实现的传播效果。对广告创作而言，超现实意味着可以不受现实情境与常规逻辑的限制，广告创意的空间因此而被无限扩大。

现实生活毕竟是一个理性为主的社会，因此超现实主义广告永远只能是广告花园中的"奇花异朵"，被限定在一定范围内谨慎使用，如果超现实主义广告的神秘感和想象力能吸引住消费者的话，它们就会赋予广告形象以更强的生命力，产品本身也会因此得到消费者的肯定。因此，任何时候，无论对创作者还是接受者而言，超现实主义广告都是一种挑战，这种形式的广告始终保持有自己独特的魅力。

图6_64 美国珠宝设计师梦幻超现实主义的2012 秋季度假系列广告

图6_65 阿迪达斯运动鞋广告

图6_63 Levis童装牛仔裤系列插画广告

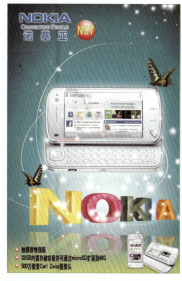

图6_66 诺基亚手机广告

教学案例4

"百年润发"广告分析

产品背景

"百年润发"是重庆奥妮系列产品中的一个（图6-67），在"百年润发"广告里，"文化气"和"商业气"被完美地结合在一起，融汇成具有中国情感的、用"中国式"词汇命名的民族品牌，与国产商品的"洋名风""霸气风"形成鲜明对比，加强消费者记忆，提高辨识率。

图6_67 百年润发洗护产品

百年润发广告策划分析

1）广告创意定位——品牌，百年润发广告定位"百年"，这一时间概念将品牌悠久的历史表露无疑，增加了品牌的时间厚重感；品牌名传递出的品牌信息准确而生动。

2）广告色彩选择——绿色，更多地注入了情感因素，将品牌色彩从一般的功能性描述上升到感性高度。

除此之外"百年润发"别具匠心地被赋予了中华民族文化中的美好联想，借古抒情，将古老的形式现代化，是大胆创新，也是民族文化的继承和发扬（图6-68）。

该广告设计突出文化气质，赋予产品以丰富的联想，更能增强广告作品的震撼力和感染力。巧妙地借用"青丝秀发，缘系百年"的美好境界（图6-69），给人强烈的震撼，这股力量是直白利益诉求的广告作品所无法比拟的。

图6_68 百年润发洗发水广告

图6_69 百年润发洗发水广告

课后练习

设计主题

商业广告设计两幅，例如：可口可乐、烟酒、食品等。

要求

体现该产品的品牌特点和独特文化。

注意

要体现该产品的特征，不能引起消费者的歧义，注意创意和构图。

参考作品

《可口可乐广告》

可口可乐早期在中国的译名作"蝌蝌啃蜡"，但因销路不佳，后改名为"可口可乐"。目前可口可乐在世界各地市场皆处领导地位，其销量远远超越其主要竞争对手百事可乐，被列入吉尼斯世界纪录。

这则广告充分表现了外来商品和中国文化的融合，一个官员形象的中国京剧人物，生动活泼的再现了卡通造型，手里跨越了时空抱着可口可乐的产品。广告语：可口可乐迷你装，更懂中国味（图6-70）。

《味极鲜酱油广告》

2009年-2011年味事达酱油和广合腐乳，连续三年由"中国国际调味品及食品配料博览会"、搜狐网"吃喝频道"等机构一致评定为"消费者最喜爱、最放心调味品"。

这则广告采用了有趣幽默的对比手法，表现了使用此种酱油的和不使用的前后差别，风趣的融合了中国元素（图6-71）。

图6_70 可口可乐广告

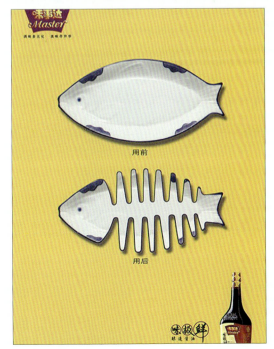

图6_71 味极鲜酱油广告

CHAPTER 3

广告媒体的应用

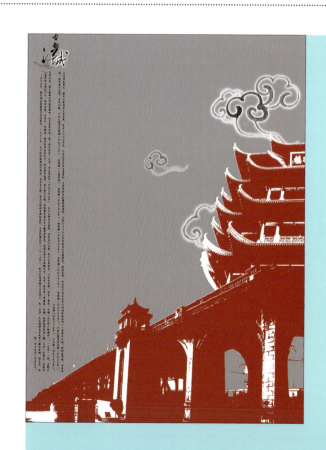

■ 课题概述

介绍广告媒体的种类、特点、表现形式和媒体不断变化的方向；分析寻找好媒体的主要方法。

■ 教学目标

了解广告设计在当代社会的应用，搞明白有哪些媒体可以传达广告。分析广告媒体设计的案例，列举各媒体的特点。

■ 章节重点

了解广告传达媒体在商业应用中的设计要点。

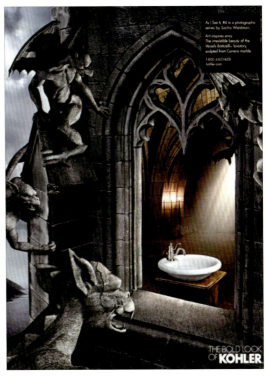

7.1 户外广告

在露天或室外的公共场合向消费者传递信息的广告物体，如巨大的路牌广告，形式多样的户外招贴广告，五彩缤纷的霓虹灯广告，交通站头的候车亭和夜幕降临时马路灯箱广告等，这些露天的广告形式即户外广告，英文名为"Out Door"，简称OD广告。

以下是户外的广告示例。

①剃刀和鸽子（图7-1）

德国索林根剃刀公司将这个别具一格的广告牌竖在路边，为了显示剃刀锋利无比，广告牌下面放了很多被切成几段的橡皮鸽子，意思是：只要鸽子飞过锋利的剃刀，都会身首异处。

②麦当劳"日晷"（图7-2）

李奥贝纳广告公司为芝加哥快餐巨头麦当劳做的创意广告牌"日晷"：在屋顶上设了一个时钟，每一个小时对应的数字上放一个麦当劳食品。当时这个广告达到了很好的宣传效果。

③节能灯（图7-3）

这个广告牌的设计者使用运动传感器来提醒从它下面走过的人，当行人走过灯泡下面，灯泡就变亮。这样谁还会记不住这款节能灯呢？

④索尼PSP透明广告牌（图7-4）

这些广告牌想要表达的意思是：随时随地都可探险，只要你随身带着索尼PSP，任何普通的地方都可能令您激动和难忘。

⑤手机服务广告（图7-5）

Cingular公司将消费者对手机服务的抱怨变成了一个巨大的广告牌，掉在地上的广告牌上写着大大的四个字母"CALL"，意思是：电话容易掉线，使用Cingular的网络电话就不会掉线了。

图7_1 剃刀和鸽子

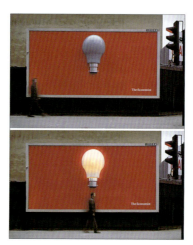

图7_3 节能灯

图7_5 手机服务广告

图7_2 麦当劳广告

图7_7 霓虹灯广告

图7_4 索尼PSP透明广告牌

图7_6 饭店霓虹灯

7.1.1 霓虹灯广告

大型的霓虹灯属于光源广告,它已经历有百年的历史。

霓虹灯是依靠灯光两端电极头在高压电场下将灯管内的惰性气体击燃发光,而不同于普通光源是把钨丝烧到高温至其发光,普通的照明方式把大量的电能以热能的形式消耗掉了,因此用同样多的电能,霓虹灯具有更亮的亮度。

霓虹灯广告是一种投入较少、效果较强、经济实用的广告形式,主要分为静态灯和动态灯两种。静态灯,颜色固定,各部分不变化;动态灯,广告文字和图案一闪一息,不断变换轮廓和颜色。动态霓虹灯广告比静态霓虹灯广告美观新奇,更为引人注目。

霓虹灯广告主要应用于以下几个方面。

(1)饭店招牌

霓虹灯亮度高,色彩鲜艳,通过控制器可以形成多种图形、字型、色彩的变化,这是任何其他广告媒体不能比拟的。霓虹灯是大型酒店、商厦、中西餐吧、大型连锁企业广告最好的宣传形式,也是装饰美化城市的主要光源(图7-6)。

(2)建筑墙体霓虹灯

其应用场所分布于道路、街道两旁,以及影(剧)院、展览(销)会、商业闹市区、车站、公园等公共场所(图7-7)。

7.1.2 车身广告

车身广告已经渗透到各个行业,并且非常自然地融入到了人们日常生活中。车身广告是指设置在公共车辆或船舶等交通工具上的广告,它是流动的户外广告,可以针对车船的行驶路线来选择广告形式和内容,向公众反复传递信息(图7-8至图7-11)。

(1)流动性

车身广告的对象是动态中的行人及交通工具上的司乘人员,行人及司乘人员通过可视的广告形象来接受商品信息,所以车身广告设计要统盘考虑距离、视角、环境三个因素。设计的

第一步要根据距离、视角、环境三因素来确定广告要素的位置、大小,同时我们还要考虑不同车型的特点,如广告货车一般为长方形,而金龙、依维柯、全顺、金杯、长安、五菱等车的车身,不是常规的长方形,设计师在设计时要考虑LOGO、关键字、电话、网址等信息一定要避开车门的拉手、开门的拉槽、轮胎、加油箱的钥匙孔、车灯等位置,甚至要准确计算车窗及车门的位置,并使车身广告的画面颜色与机动车原来的颜色相协调,才能最终产生视觉美感。车身广告要着重创造良好的注视效果。

(2)提示性

既然观众是运动的,那么在设计

时就要考虑到受众经过广告的位置和时间。繁琐的画面,行人是不愿意接受的,只有出奇制胜地以简洁的画面和揭示性的形式引起行人注意,才能吸引受众观看广告。所以车身广告设计要注重提示性,图文并茂,以图像为主导,文字为辅助,使用文字要简单、明快,切忌冗长。

(3)简洁性

这是车身广告设计要遵循的一个重要原则,整个画面都应尽可能简洁,设计时要独具匠心,始终坚持"少而精"的原则,力图给观众留有充分的想象余地。消费者对广告宣传的注意力与画面上信息量的多少成反比。画面形象越繁杂,给观众的感觉越紊乱;画面

图7_8 王府花园车身广告

图7_9 车身广告

图7_10 车身广告

图7_11 康师傅车身广告

越单纯,消费者的注意值也就越高。有些客户生产或经销的产品比较多,想尽可能地多放一些产品到画面中,结果适得其反,受众反而记不住它们的产品或诉求。在广告业,车身广告又被形象地说成"三秒钟的广告",故而车身广告一定要刻意保持画面的简洁性。如果说报纸、杂志广告可以做"加法",那么车身广告就只宜做"减法"。

7.2 杂志和报刊广告

杂志与报纸一样,同属印刷媒体。这就决定了它们之间存在着一些共同的特性,包括阅读主动性、易保存性和可信性。但是杂志与报纸也存在着很大的差别。在内容上,杂志不像报纸以新闻报道为主,而是以各种专业和科普性知识来满足读者的需要。在印刷质量上,杂志一般也优于报纸。

杂志的读者不像报纸读者那么多,但分类较细,专业性较强,这对于选择特定群体消费者的广告非常方便,更能做到有的放矢。所以,为了更好地利用杂志媒体,应该根据广告目标对象的要求对杂志进行分类。

杂志广告在版面位置安排上可分为封面、封底、封二、封三、扉页、内页、插页,颜色可以选择黑白,也可以选择彩色,在版面大小上有全页、半页也有1/3、2/3、1/4、1/6页的区别,有时为了适应广告客户作大幅广告的要求,还可以作连页广告、多页广告(图7-12)。

一般来说,报纸的读者都有一定的文化水平,有较好的理解能力,而且报纸的发行量很大,这样就有利于广告发挥作用,所以新产品在开辟市场时,报纸媒体是一个有效的媒体。

报纸广告大都用全页或半页,版面较大,内容量大,表现细致,图文并茂,容易把广告客户所要提供的信息完整地表达出来(图7-13)。

7.2.1 绘制版稿

杂志和报刊广告构成的表现形式确定后,即可在电脑上进行编排设计。版面的编排要应用视觉流程的原理,使各构成要素都能统一在一个有机的整体中,充分发挥各自的使命与作用。同时,编排上要考虑版面的视觉美感,使其具有美的韵味和视觉感召力,给人以清爽悦目的视觉效果。

在进行编排设计时,广告版面上的各种构成要素的组合关系要反复推敲,力求找到最佳的方案,直到满意时方可打印出来。

完善后的设计稿还要与市场上的其他广告作比较,看看设计的广告创

图7_12 科勒杂志广告

图7_13 报刊广告

图7_14 店内POP广告

图7_15 店内POP广告

图7_16 直邮广告

图7_17 传单型的直邮广告

意是否有独到之处，是否突出了商品性，视觉冲击力如何，是否有独树一帜的感受。经过对比后，如果广告方案不成功，就要重新修改方案，直到对设计稿满意为止。

设计时制作的彩色稿只是一张预想图，不能作为印刷用的成品。彩色稿可作为制版过程中分版的依据，打样时以此来校色。

设计稿在审核确定之后，就要进行正稿制作，制作正稿时必须做到：

1）首先确定正稿制作的方法、步骤，以免因方法不当而浪费时间，以至达不到预期的效果。

2）要保持设计稿中完美的地方，修改和完善不理想的地方。

3）正稿制作要保持画面清洁，不能留下污渍，否则会影响良好的表现效果。

4）正稿制作完成后须注明要求及效果如尺寸大小、色彩、网线等。图案形象、文字、商标等都要和色彩稿相符，按色标注明颜色，文字、图片、尺寸都要准确无误。

7.2.2 校对、打样、正式印刷

制完版后，要由印刷厂打出样品，交给设计人员校对和调整。

反复校对广告中内容图片的颜色及标色是否准确，是否有错别字，对外文字更要仔细校对；套印的颜色是否对齐，版面是否有色斑等。校对完毕后还要交给广告主再审阅一次，如果没其他问题，广告主签字后就可以正式印刷了。一个称职的设计人员应尽量多掌握些印刷方面的知识，因为设计是艺术与工业技术高度结合的产物，熟悉印刷技术和工艺流程，可以使设计师创作的画面更精致，也能够避免一些不应有的损失。

广告是艺术与技术的高度结合。一个成功的广告离不开精良的制作工艺。不论是单张传单或招贴画，还是成册的样本或杂志，印刷质量都会影响人们对传播的信息或宣传的商品的信赖感。不断提高广告的艺术水平和制作水平需要各部门各工种的专业技术人员的齐心协力、紧密配合，任何一个环节的疏忽都会导致广告效果的失败。因此，广告设计和制作是整个广告运作过程中联系十分密切的两个环节，好的设计如果没有严密的施工管理和精湛的制作技术相配合是达不到预想效果的。

7.3 POP广告

POP广告是广告形式中的一种，它是英文"Point of Purchase Advertising"的缩写，意为"购买点广告"，简称POP广告。POP广告的概念可分为广义和狭义两种，广义的POP广告的概念：指凡是在商业空间、购买场所、零售商店的周围、内部以及在商品陈设的地方所设置的广告物，都属于POP广告；狭义的POP广告概念：仅指在购买场所和零售店内部设置的展销专柜以及在商品周围悬挂、摆放与陈设的可以促进商品销售的广告媒体。

凡是在商业空间、购买场所、零售商店的周围、内部以及在商品陈设的地方所设置的广告物，都属于POP广告，利用POP广告强烈的色彩、美丽的图案、突出的造型、幽默的动作、准确而生动的广告语言，可以创造热烈的销售气氛，吸引消费者的视线，促成其购买行动（图7-14和图7-15）。

平面POP广告主要由图形、色彩、文字、三部分组成，文字部分作为一种特殊的书面写作表达形式，肩负着招贴广告传达文字信息的重要任务。把文字通过一定的组织规律，根据创作者意图进行语句的编排，并统一于图形模式和色彩风格的这种创作形式，以高度概括、简洁、精练的书面语言，将信息快速、准确、完美地展现在受众群体的眼前，完成POP广告的使命。由此可见，简洁性、准确性与创意性是POP广告的主要特点。

POP文字，指的是手写的POP广告字，手写POP广告的字体一般比较卡通。配合POP文字的画也非常有趣，一般也是用动漫等形式表现。POP的字体有软件字体库的形式，也有直接用马克笔书写的形式；如果是带图的字体可以用PS软件设计，也可以用手绘马克笔设计，属于"图文"手绘POP字体。针对于POP广告来讲，立体造型比平面造型具有更强烈的视觉效果，而且立体造型对于广告内容的表达层次也更加丰富。

当然，立体造型并不能代替平面

图7_18 卡片式直邮广告

造型的作用。POP广告的设计必须有效地利用平面造型和立体造型相互作用，才能真正做到尽善尽美。

7.4 直邮广告

直邮广告是最大众化的广告，它是向客户通过邮寄、直投等方式发布的广告，有着很强的针对性和灵活性，同时成本低廉（图7-16）。这种广告形式要求企业要准确获得其客户群的信息，并进行科学、合理、有效地管理。

直邮广告区别于传统的广告刊载媒体，它是贩卖直达目标消费者的广告通道。

直邮广告的投入费用较低，只有电视传媒的2%，报刊传媒的10%，但是企业的营业收入增幅可达30%左右，因而，其投入产出比令企业较满意，中小型企业对它尤具好感和使用欲望。

1）传单型的直邮广告，主要用于促销等活动的宣传或产品上市等实效性强事件的宣传。尺寸形式灵活多变，在设计上主要突出宣传内容（图7-17）。

2）册子型直邮广告主要用于企业文化、企业产品信息的详细介绍。一般由企业直接邮寄给旗下产品的目标消费群，或曾购买过其产品的消费者等，用以提供产品信息的详细介绍深化企业形象。

3）卡片式直邮广告在设计上新颖多变，制作精美。除了以邮寄、卖场展示等方式出现外，卡片式直邮广告还出现在节日或特别的日期，一般以贺卡的形式出现（图7-18）。

7.5 影视广告

影视广告即电影、电视广告影片。由于现在的影视广告片既有电影广告又有电视广告，它们之间可以通过胶转磁或磁转胶等技术手段进行播放介质的转换，所以它们既可以在电影银幕上播放，也可以在电视机上播放，因此，现在国际上泛指为影视广告。影视广告具有丰富的表现力和较强的吸引力，是最主要的广告媒体形式之一。

7.5.1 影视广告的类型

（1）温情型

温情型广告是影视广告中最为普遍的感情诉求广告形式，它通常表现家庭的温馨和睦，父母与子女之间的亲情，朋友之间的友情，恋人之间的爱情，以及人与人之间的其他情感等。通过这些人们所熟知的情感，把产品融入其中，打动消费者。温情型影视广告通过对生活片断的撷取拉近了广告产品与消费者之间的距离，贴近生活（图7-19）。

（2）幽默型

以幽默的手法传递商品等信息，即为幽默型广告。幽默广告往往因创

图7_19 珠宝影视广告"真爱承诺" 温情浪漫　　图7_20 提拿米苏奶茶影视广告 诙谐幽默

图7_21 MKGH艺术博物馆广告

意富有情趣，构思充满乐趣，对话饶有风趣，给消费者留下了深刻的印象，诱发人们的购买欲。幽默广告能吸引受众的注意，使受众在轻松的环境下愉快地接受广告所传达的信息，往往可以使广告效果事半功倍。国外许多广告都采用此种类型（图7-20至图7-22）。

（3）气氛型

气氛型广告注重营造情绪氛围，通过一系列的渲染烘托使特定气氛更加浓郁。虽然每个画面不通过逻辑时空相连接，但在画面中人物、动感、色彩及影调上都尽量地体现一致性，使整部片子在整体气氛上呈现出统一的格调。

（4）故事型

运用故事情节来做影视广告是一种比较容易给消费者留下深刻印象的广告方式。完整的故事情节有助于电视观众对广告产品的理解和记忆。

7.5.2 影视广告的剧本

在开始创作影视广告剧本前，首先需要确定标题、主题分类（如家庭篇、公园篇、办公篇等等）、主述产品、广告时长、广告主题词、广告表现方式（比如通过什么情节来推出产品，着重深化该产品的什么特点）、剧本内容简介、拍摄内容等信息还需要列一个表格，包括：镜头、场景、人物、拍摄手法、时长、备注等几个栏目，然后广告设计师开始以分镜的方式详细描述每个镜头中的角色动态，场景画面、摄像机运动方式等内容。

7.5.3 影视广告中的镜头

在影视广告制作中，尤其是在前期的拍摄中，设计师需要对镜头的表现技巧非常熟悉，什么样的镜头技巧表现什么样的主题内容，都要烂熟于胸。

以下我们就详细介绍一下镜头拍摄技巧。

1）用变焦距镜头可以实现从短焦距逐渐向长焦距推动，使观众看得到物体的细微部分，可以突出要表现物体的关键部分。拉镜头和推镜头的效果正好相反。变焦镜头主要运用在以下两种情况。①为了表现主体人物或者景物在环境中的位置。②为了镜头之间的衔接需要。

2）摇镜头分为好几种情况，包括左右摇、上下摇、斜摇或者与移镜头混合使用。摇镜头可以给观众将要表现的场景进行逐一展示。缓慢的摇镜头，也能给观众造成拉长时间、拉长空间的效果。

摇镜头要求开头和结尾的镜头画面目的很明确，从一个被拍摄目标摇起，结束到一个的被拍摄目标上。

使用摇镜头的拍摄方法要求摄像机的运动一定要稳，画面不能有颤抖感，起始摄像机可以先停滞片刻，然后摄影机的移动逐渐加速、保持匀速、减速、停下、整个运动过程要平稳。

3）雾天的拍摄：雾是由空气中的水蒸气形成的，具有较高的光反射率，所以我们所见的雾是比较明亮的（注意不是透光率高），雾天的光线色温偏高。基于上述特性，在雾景的拍摄中，滤色镜通常选择在5600K档。

4）雪天的拍摄：下雪天，由于地面景物大多被雪覆盖着，在阳光照射下反光率极高，超过了录像磁带记录景物亮度的宽容度，所以，在拍摄雪景时，首先应该注意的是控制好曝光度。

7.5.4 影视广告的后期

后期主要是对前期拍摄的影片段进行剪辑、特效等非线性编辑，要满足视觉冲击力强、产品突出、广告的时空感合理、合理技巧等四个方面。

视觉冲击力是画面的视觉效果在没有音响的情况下也能吸引人。产品突出是指尽可能地让观众看清广告的对象。广告的时空感合理是指每一种影视形式的个性的时空感都要满足消费者的心理需求。合理技巧是指在剪辑广告影片时要注意用广告的语言来表现。

图7_22 PHILCO音响广告《蚂蚁篇》

特写镜头画面要比大景别的镜头使人印象深;动态画面的印象要比静态画面的印象深;有对比的画面比没有对比的画面印象深。例如:云南白药集团股份有限公司广告《云南白药金口健牙膏》(图7-23),这则广告没有什么情感诉求,画面简单,配合旁白,清晰而直接地说明了云南白药金口健牙膏的功效所在:"突破传统的口腔护理,国家保密配方,内含白药活血养护和抑菌因子,让牙龈牙齿同步健康美丽。"

对于影视广告而言,画面和声音是其诉求的核心要素。

广告语有两种形式:一种是旁白;另一种是广告模特儿的对白。影视广告音乐包含背景音乐和广告歌。

本田汽车公司广告《零部件篇》(图7-25),在广告片中,开始时是一个小螺母在旋转,渐渐地它与下面的小齿轮相碰撞,然后形成了一个连锁反应,像多米诺骨牌一样,汽车的零件一个接一个地动了起来,包括挡风玻璃的雨刷、转动着的汽车轮胎以

及翻滚着的消音器等。简洁的画面,零件精准的碰撞,配以每个零件滚动、旋转、碰撞时出现的不同声效,形成强烈的视听冲击,增强了受众对广告的注意力。最后,一辆雅阁汽车缓缓地从斜坡上驶了下来,伴随着"只要事情发生,一切都是那么美好"的画外音,汽车来了一个刹车,一切恢复平静,本田的口号"梦之力量"(The Power of Dream)也出现在画面上。

图7_23 云南白药牙膏广告《金口健篇》

图7_24 本田汽车广告《零部件篇》

课后练习

设计主题

设计一张城市主题海报,例如:"江城印象"、"杭州印象"、"上海印象"等。

要求

体现城市特色和独特文化。

注意

关键在于好的创意,用图形简洁的表达出来,注意画面的构图,要有一定的新意。

参考作品

　　城市主题海报的内涵及其与建筑的关系空间是一个三维甚至多维的综合体。由建筑物界定的客观空间对城市居住者情感、心理等方面的影响受到建筑设计界极大关注。城市主题海报是指建筑形体和设计相互之间的关联组合所形成的现实意义空间。设计若只是简单地迎合人们物质需求,或单纯强调建筑的功能性,而忽略建筑所带来的知觉、心理等精神方面的影响,最终会导致人们对冷漠城市的厌倦,甚至反感(图7-25)。

　　因此,城市建筑形式就完全成了功能关系的转换。城市空间通过这样的设计,在外在形式上体现了某种秩序与平衡,在内在表达上是一种文化的需求。古代建筑和民族建筑尤其能显现文化的沉淀(图7-26)。

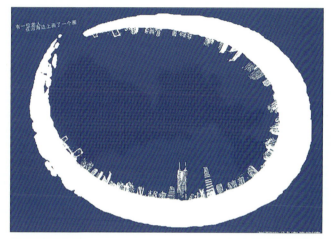

图7_25 特区公益广告

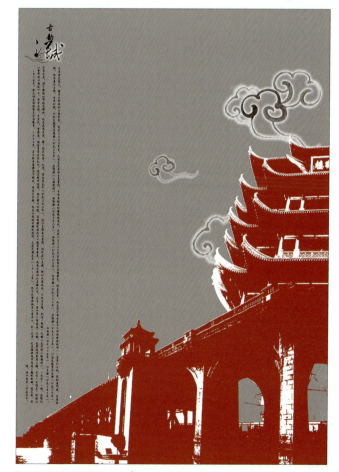

图7_26 古韵江城的海报

图书在版编目（CIP）数据

广告创意 / 马志洁，田志梅，彭涌编著. — 北京：中国青年出版社，2012.9
中国高等院校"十二五"精品课程规划教材
ISBN 978-7-5153-1029-9
I.①广… II.①马… ②田… ③彭… III.①广告学－高等学校－教材 IV.①F713.80
中国版本图书馆CIP数据核字（2012）第203404号

中国高等院校"十二五"精品课程规划教材
广告创意

马志洁　田志梅　彭涌 编著

出版发行：中国青年出版社
地　　址：北京市东四十二条21号
邮政编码：100708
电　　话：（010）59521188 / 59521189
传　　真：（010）59521111
企　　划：北京中青雄狮数码传媒科技有限公司

责任编辑：郭　光　张　军　付　聪
封面设计：六面体书籍设计
　　　　　唐　棣　张旭兴

印　　刷：北京瑞禾彩色印刷有限公司
开　　本：787×1092　1/16
印　　张：6.25
版　　次：2012年9月北京第1版
印　　次：2020年9月第5次印刷
书　　号：ISBN 978-7-5153-1029-9
定　　价：48.00元

本书如有印装质量等问题，请与本社联系
电话：（010）59521188 / 59521189
读者来信：reader@cypmedia.com
如有其他问题请访问我们的网站：
http://www.lion-media.com.cn